Thomas Söding

Die Bibel für alle

Thomas Söding

Die Bibel für alle

Kurze Einführung in die neue Einheitsübersetzung

HERDER

FREIBURG · BASEL · WIEN

MIX
Papier aus verantwortungsvollen Quellen
FSC® C083411

www.herder.de

Umschlaggestaltung: Finken & Bumiller, Stuttgart

Satz: de·te·pe, Aalen
Herstellung: CPI books GmbH, Leck

Printed in Germany

ISBN Print 978-3-451-37813-3
ISBN E-Book 978-3-451-81110-4

Inhalt

Vorwort

Die Einheitsübersetzung ist renoviert worden. Knapp vierzig Jahre nach ihrer Erstausgabe ist sie durchgehend am Urtext kontrolliert, systematisch auf Fehler hin überprüft und an vielen Stellen verändert worden. Jetzt steht sie in neuem Gewand vor der Tür: feiner, farbiger, frischer.

Ein genauer Blick in die neue Bibel lohnt sich. Sie ist nicht nur für Katholikinnen und Katholiken, sondern für alle gedacht. Während die neue Lutherbibel das konfessionelle Profil des Protestantismus schärft, ist die katholische Übersetzung offen: Sie ist eine Bibel für Leute von heute. Sie biedert sich nicht an, sondern lotet die Tiefe des Schrifttextes aus. Aber sie hat nicht die Last einer langen Tradition zu tragen, sondern kann sich auf das konzentrieren, was an der Zeit ist: eine genaue und verständliche Übersetzung, die von der Kirche anerkannt ist, aber auch auf dem freien Markt bestehen kann, nach dem Motto aus dem Markusevangelium: »Wer liest, soll verstehen!« (Mk 13,14).

Hier liegt der Hase im Pfeffer. Gewiss ist die Bibel der wahre Bestseller in allen freien und demokratischen Gesellschaften. Sie ist auch, wie Papst Franziskus im Vorwort zur »Jugendbibel der katholischen Kirche« schreibt, überall dort, wo die Meinungs- und Religionsfreiheit unterdrückt wird, ein gefährliches, ein verbotenes und deshalb ein besonders kostbares, ein heiliges Buch. Aber wenn die Bibel frei Haus zu erwerben ist – wird sie dann auch gelesen? Wird sie geschätzt und verstanden? Die neue Einheitsübersetzung hätte ihr Ziel verfehlt, wenn sie im Schrank oder auf dem Regal verstaubte.

Diese Einführung informiert deshalb nicht nur über Hintergründe und Zusammenhänge des Revisionsprojekts. Sie ordnet die neue Übersetzung auch in die langen Debatten darüber ein, ob heilige Texte überhaupt übersetzt werden dürfen und was eine gute Wiedergabe in einer anderen Sprache ausmacht. Nicht zuletzt gibt sie einen Leitfaden an die Hand, das dicke »Buch der Bücher« sinnvoll zu lesen: Wie ist es aufgebaut? Welche roten Fäden durchziehen es? Wie hängen die vielen verschiedenen Bücher zusammen?

Das neue Vorwort der Einheitsübersetzung, von allen verantwortlichen Bischöfen aus Deutschland, Österreich, der Schweiz, Liechtenstein, Italien, Frankreich, Luxemburg und Belgien unterschrieben, stellt zwei Bibelworte zusammen.

Am Anfang wird ein Vers aus der Tora zitiert, den Paulus im Römerbrief aufgenommen hat:

> »Nahe ist dir das Wort, in deinem Mund, in deinem Herzen« (Dtn 30,14 – Röm 10,8).

Am Schluss steht ein Gebet aus den Psalmen:

> »Ich hoffe auf den Herrn; es hofft meine Seele, ich warte auf sein Wort« (Ps 130,5).

Diese Spannung, diese Erwartung, diese Hoffnung auf Nähe zu Gott will die Bibel nähren. Wer sie liest, kann es spüren.

Meinem Team in Bochum danke ich für tatkräftige Unterstützung, diesmal eigens Julia Dietsch, Katharina Kirchberg und Niklas Sonderkamp sowie Dr. Esther Brünenberg-Bußwolder und P. Julian Backes O.Praem, nicht zuletzt Elisabeth Koch. Thomas Nahrmann danke ich für die Anregung, das Buch zu schreiben, und das effektive Lektorat.

Bochum/Münster, am 6. Januar 2017 *Thomas Söding*

Das Projekt

Die Einheitsübersetzung ist eine Frucht der Kirchenreform nach dem Zweiten Weltkrieg.[1] Lange Zeit herrschte in der katholischen Kirche größte Zurückhaltung, ob es für Laien gut sei, die Bibel ohne Anleitung durch das Lehramt – oder wenigstens den Pfarrer vor Ort – zu lesen. Die Gründe für diese Reserve waren vielschichtig: Autoritäres Denken spielte eine Rolle; man hatte Angst davor, dass sich im Kirchenvolk eine eigene Meinung zu Glaubensfragen bildet. Man sah auch mit großer Skepsis die Entwicklung auf evangelischer Seite, dass sich immer mehr immer kleinere Gruppen bildeten, die sich auf die Bibel beriefen, aber keinen Zusammenhalt mehr fanden. Nicht zuletzt dachte man, dass die Bibel in vielem unklar sei und erst mithilfe der Auslegung durch die Kirche richtig verstanden werden könne.

Deshalb war die Bibel nicht vergessen, aber Heiligengeschichten schienen wichtiger. Die Stoffe des Alten und Neuen Testaments wurden für die Schule und den Hausgebrauch in einer »Biblischen Geschichte« aufbereitet: Eine Art »best of« sollte sie sein, gereinigt von allen heiklen Stellen und schön harmonisch so geordnet, dass alle leicht den Weg des Glaubens vom Alten zum Neuen Testament, von Adam zu Christus und direkt in die katholische Kirche finden konnten. Neben die »Biblische Geschichte« (und manchmal vor sie) trat der Katechismus, der die Glaubenswahrheiten einfach, aber umfänglich aufbereitete, sodass sie gelernt und abgefragt werden konnten.

Diese Entwicklung war zu ihrer Zeit durchaus modern. Aber sie blieb hinter den Möglichkeiten des katholischen

Glaubens weit zurück. Die spätmittelalterlichen Reformbewegungen setzten auf die Bibellektüre durch Laien, auch wenn die Möglichkeiten, die Heilige Schrift unters Volk zu bringen, erst durch den Buchdruck nachhaltig verbessert worden waren. Die Anfänge der kritischen Bibellektüre liegen im italienischen Humanismus. Luther übersetzte das Neue Testament aus einer griechischen Ausgabe, die der Katholik Erasmus von Rotterdam erstellt hatte. Im 17. Jahrhundert waren in den katholischen Gebieten Deutschlands Bibeln stärker als in den evangelischen verbreitet. Dennoch entstand ausgerechnet im Zeitalter der aufblühenden Demokratie die unmögliche Situation, dass genau dort Warn- und Verbotsschilder aufgestellt wurden, wo die Chance, aber auch die Pflicht bestanden hätte, die katholischen Gläubigen bibelfest zu machen: belesen, aus erster Hand informiert und deshalb auskunftsfähig im Meinungsstreit über Religionsfreiheit, Glaubensüberzeugung und Gewissensbindung. So wendete sich 1846, mitten in den Aufbrüchen der europäischen Demokratien, Papst Gregor XVI. in seiner Enzyklika *Inter praecipuas* gegen die Arbeit der – evangelischen – Bibelgesellschaften mit dem Argument, eine vom Lehramt unabhängige Bibelübersetzung stifte nur Verwirrung, weil das katholische Kirchenvolk ohne Anleitung durch das Lehramt bei der freien Bibellektüre unweigerlich in die Irre geleitet werde; an einer eigenen Initiative, gute Bibeln unters Volk zu bringen und Hilfestellungen für eine kompetente Lektüre zu geben, fehlte es aber.

Deshalb ist es eine echte Reform, dass das Zweite Vatikanische Konzil (1962–1965) die Bibel und die Schriftauslegung samt den Übersetzungen wieder zu Ehren gebracht hat. Einerseits nahm es Anliegen der Reformation auf. Andererseits entsprach es Reformansätzen in der katholischen Kirche selbst, vor allem der Bibelbewegung, die sich um die Verbreitung guter Übersetzungen im Kirchenvolk kümmerte, und der liturgischen Bewegung, die sich für eine stärkere Betonung des Wortgottesdienstes einsetzte.

In der »Dogmatischen Konstitution über die göttliche Offenbarung« *Dei verbum* (»Wort Gottes«) steht der Schlüsselsatz:

> »Der Zugang zur Heiligen Schrift muss für die an Christus Glaubenden weit offenstehen« (*Dei verbum* 22).

Im direkten Anschluss wird auf die Wichtigkeit guter Übersetzungen hingewiesen. Als Beispiele aus dem Altertum werden erstens die Septuaginta genannt, die Übersetzung der Bibel ins Griechische für die vielen Juden, die kein Hebräisch mehr konnten, und zweitens die Vulgata, die Übersetzung des Alten wie des Neuen Testaments aus dem Urtext ins Lateinische, die damalige Volkssprache. In derselben Linie wird für die Gegenwart gefordert, dass »brauchbare und genaue Übersetzungen in die verschiedenen Sprachen erarbeitet werden, mit Vorrang aus dem Urtext der Heiligen Bücher« (*Dei verbum* 22). Auch ökumenische Bibelübersetzungen werden angeregt. Die katholische Kirche hatte lange auf einen solchen Befreiungsschlag gewartet. Eine breite Bewegung setzte ein, gute Übersetzungen in möglichst vielen Sprachen zu erstellen. Der Einheitsübersetzung gab diese Entwicklung starken Rückenwind.

1. Warum braucht es eine Überarbeitung? *Übersetzungen veralten, die Bibel bleibt jung*

Die alte Einheitsübersetzung hatte eine längere Entstehungsgeschichte.[2] Sie reichte bis vor das Zweite Vatikanische Konzil zurück. Das Katholische Bibelwerk Stuttgart verfasste Ende der 1950er-Jahre eine Denkschrift an die deutschen Bischöfe, dass es höchste Zeit für eine gemeinsame Bibelübersetzung sei, die in allen Diözesen des deutschen Sprachraums anerkannt sein sollte. Weil es um diese Vereinheitlichung ging, heißt sie bis heute »Einheitsübersetzung«. Sie nahm das Interesse vieler Kirchenmitglieder auf, sich ihr eigenes Urteil über die Heilige Schrift bilden zu wollen – so wie es in einer Gesellschaft mündiger Bürger sein soll.

Bis zur Liturgiereform nach dem Konzil wurden in der Messe die Schrifttexte offiziell nur auf Latein verkündet. Wer sie verstehen wollte, konnte im »Schott« nachlesen, in einem Buch mit der deutschen Übertragung der Messtexte. Die am weitesten verbreitete katholische Bibelübersetzung ging auf Joseph Franz von Allioli (1793–1873) zurück, einen hervorragenden Exegeten, der in Landshut und München lehrte. Seine Übersetzung fußte offiziell, wie das im Katholizismus jener Zeit verpflichtend war, auf der Vulgata, berücksichtigte aber sorgfältig den hebräischen, aramäischen und griechischen Urtext. So konnte seine Bibel des Alten und des Neuen Testaments mit päpstlicher Druckerlaubnis erscheinen und weit verbreitet werden.[3]

Allerdings galt es, einzuholen, was Stand der Forschung war, nicht zuletzt durch die evangelische und die anglikanische Exegese. Die katholischen Bibelübersetzer mussten einen Blickwechsel vornehmen: nicht mehr von der Vulgata aus zum Urtext, sondern vom Urtext in die Gegenwart, mit einem Seitenblick auf die Vulgata, die eine wichtige, einflussreiche Übersetzung bleibt[4]. Von Anfang an ging es darum, die Bibel in gutem Deutsch zugänglich zu machen. Die Eingangsschwellen sollten niedrig sein, die Bibeltexte aber nicht oberflächlich werden. Ein Neuanfang sollte gemacht werden. Die Lutherbibel kam wegen ihres konfessionellen Charakters so wenig in Betracht wie die Zürcher Bibel der Reformierten.

Der Neuanfang der ersten Einheitsübersetzung

Der Vorstoß des Katholischen Bibelwerks stieß bei der Bischofskonferenz auf offene Ohren. Die Exegeten unter den Bischöfen wurden beauftragt, die Federführung zu übernehmen: die Neutestamentler Josef Freundorfer, 1949 bis 1963 Bischof von Augsburg, und (nach seinem Tod) Eduard Schick, seit 1962 Weihbischof und später von 1974 bis 1982 Bischof von Fulda, sowie Carl Joseph Leiprecht, der für Stuttgart zuständige Bischof von Rottenburg (1949–1974). Aus Österreich wurde Alois Stöger hinzugesandt, gleichfalls Neutestamentler, von 1967 bis 1986 Weihbischof in St. Pölten. Später wurde der Kreis aktiver Bischöfe vergrößert. Die Hauptarbeit teilten sich führende Exegeten des Alten und Neuen Testaments, darunter Fridolin Stier, Alfons Deissler, Ernst Haag, Norbert Lohfink und Josef Schreiner sowie Joachim Gnilka, Franz Mußner, Heinrich Schlier, Rudolf Schnackenburg und Anton Vögtle. Keine einzige Frau war dabei; nur Eleonore Beck und Gabriele Miller tauchen in der langen Liste der »Mitarbeiter« auf.

Große Ziele

Die Arbeit startete 1962. Sie verfolgte mehrere Ziele. Die Wiedergabe sollte verlässlich sein, nämlich exakt am Urtext erarbeitet. Die Wiedergabe sollte aber auch verständlich sein; »gehobenes Gegenwartsdeutsch« wurde angestrebt. Die Sprache sollte »gehoben« sein, weil die Bibel ein ganz besonderes Buch mit einem unverwechselbaren Klang ist, der Gottes Wort im Wort von Menschen ertönen lässt; es sollte aber auch »Gegenwartsdeutsch« zu lesen sein, weil nicht die Museumslandschaft bereichert werden sollte, sondern das Leben von Zeitgenossen. *Aggiornamento*, »Verheutigung« war ein Schlüsselwort des Zweiten Vatikanischen Konzils unter Papst Johannes XXIII. »Heute« ist ein Schlüsselwort der ganzen Bibel (vgl. Lk 4,18). In dieser Prägung sollte die Einheitsübersetzung drei wesentliche Funktionen erfüllen.

Sie sollte erstens der offizielle liturgische Text für alle katholischen Gottesdienste sein: für die Lesungen bei den Gottesdiensten an Sonn- und Werktagen, bei Andachten und für das Stundengebet. Nach der Reform wurde die Liturgie regelmäßig in der Volkssprache gefeiert; alle Lesungen mussten auf Deutsch erfolgen. Dafür sollte immer die »Einheitsübersetzung« Verwendung finden. Sie musste dann aber auch für die liturgischen Zwecke geeignet sein, fürs laute Vorlesen und fürs Singen. Deshalb sollten die Liturgiewissenschaftler ein starkes Wörtchen mitreden.

Die Einheitsübersetzung sollte zweitens der verbindliche Text der katholischen Kirche für Katechese und Unterricht sein. Deshalb waren auch Katecheten und Pädagogen unter den Mitarbeitern. Die Einheitsübersetzung passte in eine biblische Wende der Gemeindekatechese wie der Religionspädagogik, die zurück zu den Wurzeln wollte, um die Kinder und Jugendlichen jenseits der Tradition zu ursprünglichen Glaubenserfahrungen und eigenen Stellungnahmen zu führen. Die Frage, ob die Einheitsübersetzung wirklich altersgerecht war, trat hinter die Überlegung zurück, es sollte immer derselbe Text mit einem hohen Wiedererkennungswert sein, der in der Kirche, in der Schule und im Pfarrzentrum zu hören ist.

Die Einheitsübersetzung sollte drittens auch »der Kirche Fernstehenden einen sprachlich verständlichen und wissenschaftlich gesicherten Zugang zur Botschaft der Heiligen Schrift« öffnen, wie es im Vorwort hieß. Diese Orientierung war nicht selbstverständlich, weil viele die Bibel als Buch der Kirche nur für den Binnenraum zuständig wähnten. Tatsächlich ist sie im Schoß des Gottesvolkes Israel und der Kirche gewachsen. Aber sie hatte von Anfang an einen missionarischen Zug: andere Menschen nicht zu überreden, schon gar nicht zu zwingen, wohl aber zu überzeugen – in erster Linie durch sachdienliche Hinweise zur Lage des Glaubens. Um die Verständlichkeit für dieses Publikum, aber auch um insgesamt die sprachliche Qualität sicherzustellen, hat man auch Germanisten zu Rate gezogen.

Alle drei Ziele gleichzeitig zu erreichen, und zwar immer auf der Basis einer philologisch fundierten und historisch informierten Exegese, ist schier unmöglich. Kompromisse waren unabdingbar. Nicht selten haben sich Exegeten beschwert, um der besseren Verständlichkeit und Singbarkeit willen seien ohne hinreichende Rücksprache mit ihnen in der letzten Phase starke Veränderungen vorgenommen worden, die zum Urtext in Spannungen ständen. Auf der anderen Seite steht die Kritik aus der Praktischen Theologie, die Einheitsübersetzung komme noch zu gravitätisch daher; sie sei nicht zugänglich genug.

Man kann spotten, wer es allen recht machen wolle, mache es niemandem recht. Aber im Ganzen muss gesagt werden: Die Einheitsübersetzung war (und ist) ein großer Erfolg. Die Auflage geht in die Millionen. Alle Lektionare und Messbücher haben die Einheitsübersetzung übernommen. Einige Orden haben zwar ihre eigenen Übertragungen beim Stundengebet. Aber im »Gotteslob«, dem Gebet- und Gesangbuch der Gemeinden, findet sich wie im heutigen »Schott« und »Te Deum« durchweg die »Einheitsübersetzung«. Sie profitierte (und profitiert) vom großen Aufschwung des kirchlichen Lebens nach dem Konzil, besonders durch die Einführung der Landessprache im Gottesdienst. In den Schulzimmern stehen klassenweise Einheitsübersetzungen in den Schränken – und werden durchaus auch einmal herausgeholt. Die Materialien zur Erstkommunion- und Firmkatechese zitieren die Bibelstellen nach der Einheitsübersetzung. Die »Einheitsübersetzung« hat sich im katholischen Sprachraum des Deutschen durchgesetzt; sie hat ihre Lesegemeinde gefunden.

Ökumenisches Zeichen

Ein starkes Signal war die aktive Mitarbeit der Evangelischen Kirche in Deutschland (EKD). Seit 1967 ist sie offiziell eine Partnerin bei der Übersetzung der Psalmen und des Neuen Testaments gewesen. Im Nachhinein kann man sich fragen, warum nicht die ganze Bibelübersetzung ökumenisch erarbeitet worden ist. Reicht die Antwort aus, dass eine katholisch-evangelische Partnerschaft nicht von Anfang an angestrebt war, sondern sich erst im Lauf der Zeit ergeben hat? Man muss es wohl so sehen, dass immerhin mit den Psalmen und dem Neuen Testament solche Teile der Bibel ausgewählt worden sind, die besonders stark in der Liturgie vertreten sind.

Das Eis war nach einem Treffen zwischen Kardinal Augustin Bea (1881–1968), dem ersten Sekretär des Päpstlichen Einheitsrates in Rom, und Bischof Kurt Scharf (1902–1990), damals Vorsitzendes des Rates der EKD, gebrochen worden. Bea war Alttestamentler, der lange das Päpstliche Bibelinstitut geleitet hatte; Scharf war Vizepräsident der Vereinigten Weltbibelgesellschaften. So fanden sie einen Draht zueinander. Aber es war nicht nur ihre persönliche Beziehung, es war die ökumenische Gesinnung der 1960er- und 1970er-Jahre, die zur Zusammenarbeit führte. Ähnliche Projekte, die das Zweite Vatikanische Konzil angeregt hatte (*Dei verbum* 22), wurden auch in anderen Ländern gestartet und erfolgreich abgeschlossen.

Im Vorwort der ersten Einheitsübersetzung wird unter dem Datum »Advent 1979« aus einem Brief des seinerzeitigen EKD-Vorsitzenden Helmut Claß (1913–1998) an Joseph Kardinal Höffner (1906–1987) zitiert, den damaligen Vorsitzenden der Deutschen Bischofskonferenz:

> »Die Tatsache, dass katholische und evangelische Christen nunmehr die Psalmen und ein Neues Testament besitzen, die Exegeten beider Kirchen im offiziellen Auftrag übersetzt haben, kann nicht hoch genug veranschlagt werden. Mehr als einzelne gemeinsame Aktionen führt gemeinsames Hören auf das Wort der Schrift dazu, dass die getrennten Kirchen aufeinander zugehen, um einmal zusammenzufinden unter dem einen Herrn der Kirche, Jesus Christus.«

Claus Westermann, Erich Grässer und nicht zuletzt Eduard Lohse, der schließlich 1979 als Ratsvorsitzender der EKD das Vorwort der Einheitsübersetzung mitunterschrieben hat, zählten zu den Exegeten, die sich voll in die Arbeit eingebracht haben: gleichberechtigt, verantwortungsvoll, ökumenisch aufgeschlossen. Es war eine Zeit, als die Lutherbibel nicht sonderlich hoch im Kurs stand; es war auch die Zeit, als die Suche nach Gemeinsamkeiten zwischen den Kirchen wichtiger als die Suche nach Unterschieden war und im Zuge allgemeiner Reformbegeisterung auch die konfessionellen Traditionen nicht mehr als sakrosankt galten.

Die Mitarbeit der evangelischen Bibelwissenschaftler war weit mehr als nur freundliche Nachhilfe für die katholischen. Die Kooperation verfolgte auch kirchenpolitische Ziele, die bis in die Liturgie hineindrangen. Zwischen der Evangelischen Kirche in Deutschland und der Deutschen Bischofskonferenz wurde ein Vertrag abgeschlossen, dass die Einheitsübersetzung auch im evangelischen Gottesdienst Verwendung finden dürfe und dass bei ökumenischen Gottesdiensten in der Regel die »Einheitsübersetzung« gelesen werden sollte, immer bezogen auf die gemeinsam erstellten Teile, das Neue Testament und die Psalmen. Theoretisch war die Einheitsübersetzung damit aus dem Stand die Bibelübersetzung Nr. 1 im deutschsprachigen Raum, allerdings nur theoretisch, weil sich die evangelischen Pfarrerinnen und Pfarrer doch lieber auf die eigenen Übersetzungen berufen wollten und das Feuilleton in der Regel die Lutherbibel vorzog (und bis heute vorzieht).

Schrittweise Einführung

Die Einführung der Bibel wurde sehr sorgfältig vorbereitet. Seit 1970 erschienen Probedrucke einzelner Bücher, 1972 wurde in vorläufiger Form ein vollständiges Neues, zwei Jahre später ein Altes Testament vorgelegt. Ausdrücklich hieß es: zur Erprobung. Gefragt waren also alle, die lesen konnten und wollten. Ein so offener Diskussionsprozess, der zur Kritik einlädt, wäre in früheren Zeiten undenkbar gewesen; auch später hat es ihn in der katholischen Kirche lange Zeit so nicht mehr gegeben, im Grunde bis zur offenen Meinungsbefragung vor der ersten römischen Weltbischofssynode zu Fragen der Sexualethik 2014. Besonders waren die Priester, die Predigerinnen und Prediger, die Lektorinnen und Lektoren, die Katechetinnen und Katecheten, aber auch die Lehrerinnen und Lehrer gefragt, von den Exegetinnen und Exegeten ganz zu schweigen.

Das Echo war gespalten. Bei der großen Mehrheit herrschte große Zustimmung, zum Ganzen und zu den meisten Details. Nur die Latein-Nostalgiker schmollten. Aber an nicht wenigen Stellen gab es doch auch laute Proteste – die wiederum an nicht wenigen Stellen zu späteren Veränderungen führten. Auch das spricht für die offene Gesprächskultur zwischen Klerikern und Laien, Profis und einfachen Leuten, die einfach nur eine gute Bibel lesen wollten.

Ein typisches Beispiel waren die Seligpreisungen. Was heißt »selig«? Ist das Wort noch verständlich? Ist es nicht nur kirchliche Binnensprache? Sollte man nicht nach einem besseren Ausdruck suchen? »Heil« den Armen im Geiste, den Hungernden und Weinenden – in Deutschland ist eine solche Übersetzung nach der Nazizeit ausgeschlossen. »Glücklich die …«? Das klang doch ein wenig zu banal. So verfiel man auf:

> »[3]Wohl denen, die arm sind …
> [4]Wohl denen, die trauern, …
> [5]Wohl denen, die keine Gewalt anwenden, …«
> (Mt 5,3ff. – EÜ Probedruck).

Aber das gefiel den Menschen nicht. Sie wollten nicht nur, dass es ihnen wohlergeht – sie wollten selig werden. Die »Wohligkeiten« waren gestorben. Im Neuen Testament – nicht im Alten! – schrieb man wieder durchweg »selig«. Mit vollem theologischen und sprachlichen Recht: Wer selig ist, ist überglücklich; »selig« ist nicht aus dem Wortschatz verschwunden. Meist sind es Liebespaare auf Wolke sieben, die – oft mit einem leichten Grinsen – als »selig« beschrieben werden; es gibt schlechtere Ansatzpunkte für das Verständnis dessen, was die Liebe Gottes mit den Menschen macht.

Das Beispiel steht für viele. Eine Überarbeitung der Probedrucke tat dringend not. Die Psalmen, zuerst 1971 gedruckt, wurden 1973/74 durchgesehen und neu publiziert. 1975 begann die groß angelegte Überprüfungsarbeit für den gesamten Bibeltext. Der Alttestamentler Josef Plöger (1923–2005), Kölner Weihbischof, verantwortete die Redaktion des Alten Testaments, Eduard Schick die des Neuen Testaments.

1977 wurden die Arbeiten abgeschlossen. So konnte die Deutsche Bischofskonferenz Anfang 1978 die fertiggestellte Einheitsübersetzung für Gottesdienst, Predigt, Katechese und Unterricht freigeben. Ein Jahr später waren die Anmerkungen und Einführungen fertig. Die Drucklegung konnte beginnen. Im Advent 1979 unterzeichneten die Vorsitzenden der Deutschen, der Berliner (für die DDR), der Österreichischen und der Schweizer Bischofskonferenz sowie die Bischöfe von Luxemburg (für die deutsche Minderheit dort), Bozen-Brixen (für die Südtiroler) und Lüttich (für die Deutschen im belgischen Eupen und Malmedy).

Bei der Approbation erklärten die Bischöfe (wie im Vorwort nachzulesen ist):

> »Wir Bischöfe hoffen zuversichtlich, dass die Neuübersetzung auch der zeitgemäßen Gebetssprache einen neuen Anstoß gibt und dass sie hilfreich sein wird in dem Bemühen, dem Wort Gottes im deutschen Sprachraum neue Beachtung und tieferes Verständnis zu erschließen.«

Das war nicht nur Wunschdenken, auch wenn in den gesellschaftlichen und kirchlichen Entwicklungen der Nachkonzilszeit längst nicht alle Blütenträume gereift sind.[5]

Die Notwendigkeit einer Überarbeitung

Übersetzungen veralten, die Bibel bleibt jung. Deshalb gehört jede Übersetzung von Zeit zu Zeit auf den Prüfstand. Bei der Lutherbibel[6] und der revidierten Zürcher Bibel[7] war und ist es nicht anders. Die Gründe sind immer ähnlich: Die Bibelforschung arbeitet permanent an den Quellen zum Urtext; keine Übersetzung ist fehlerfrei; die Sprache ändert sich, in die übersetzt werden soll. Wenn die Bibel ihre jugendliche Frische behalten soll, müssen die Übersetzungen von Zeit zu Zeit aufgefrischt werden.

Die Überprüfung der Textgrundlage

Über die Textbasis gibt es keinen ernsthaften Streit: Es sind die wissenschaftlich führenden hebräischen (aramäischen) und griechischen Ausgaben des Alten und des Neuen Testaments. Allerdings gibt es einen erheblichen Streit, was als Urtext anzusehen ist, besonders im Alten Testament.

Der erste Teil der christlichen Bibel ist zwar zu großen Teilen hebräisch überliefert, aber in verschiedenen Versionen, die in den großen Textausgaben unterschiedlich gehandhabt werden. Im Judentum ist die gesamte hebräische Bibel Stück für Stück ins Griechische übertragen worden; es wird diskutiert, ob die Textbasis dieser Übertragung, der »Septuaginta«, in einzelnen Partien älter als der masoretische Text sein könnte, der im hebräischen Judentum gepflegt wurde[8]. Zur Septuaginta gehören überdies Schriften, die entweder ursprünglich Griechisch abgefasst oder lange Zeit nur in griechischen Versionen überliefert worden waren. Zwischenzeitlich waren aber von einigen dieser Bücher, z.B. Jesus Sirach, Textteile in Hebräisch gefunden worden, der ursprünglichen Sprache. In der Einheitsübersetzung von 1979 hatte man, dem damaligen Stand der Forschung gemäß, jeweils *ad hoc* so oder so entschieden und die Art des Vorgehens in Fußnoten vermerkt. In der Zwischenzeit hat sich in der alttestamentlichen Forschung ein größerer Purismus eingestellt: Das eine sei die hebräische, das andere die griechische Fassung, die eigener Aufmerksamkeit bedürfe[9]. Die

Revision der Einheitsübersetzung musste sich neu positionieren, wenn sie nicht den Anschluss an die internationale Bibelwissenschaft verlieren wollte. Diesen Weg ist auch die revidierte Einheitsübersetzung gegangen. So weit es geht, folgt sie beim Hebräischen dem masoretischen Text, entscheidet sich aber bei Jesus Sirach, der Septuaginta, und bei Tobit, der Langversion des Codex Sinaiticus (einer der wichtigsten antiken Pergamenthandschriften) zu folgen, während man bei Ester den Kompromiss gefunden hat, vom masoretischen Grundtext auszugehen und die längeren Septuaginta-Partien einzubauen.

Im Neuen Testament ist die Sache weniger dramatisch. Allerdings geht auch hier die Revisionsarbeit am griechischen Urtext weiter, der, anders als der hebräische des Alten Testaments, in sehr vielen, freilich oft fragmentarisch überlieferten Papyri und Pergamenten verbreitetet worden war und in mühseliger Puzzlearbeit rekonstruiert werden muss. Seit der ersten Erstellung der Einheitsübersetzung sind neue kritische Textausgaben erschienen, die sorgfältig berücksichtigt werden mussten, auch wenn die Änderungen wenig spektakulär erscheinen. Für die Einheitsübersetzung musste – wie auch für die revidierte Lutherbibel – neu Textkritik getrieben werden.

Auch wenn es überraschen mag: Die Einheitsübersetzung von 1979 enthielt nicht wenige Auslassungen und Einfügungen. Durchweg waren pädagogische Gründe (über die man auch in der Pädagogik streiten wird) maßgebend. Ausgelassen wurde sehr oft ein »Siehe«, das in der Sprache beider Testamente ein Aufmerksamkeitssignal ist und die Bedeutung des Folgenden unterstreicht. Es gehört zum biblischen Sprachklang. Aber es erschien offenbar umständlich, pedantisch, überflüssig. Der Sprachduktus hat aber durch die Auslassungen nicht gewonnen. Das Sprachniveau war ein wenig verflacht. Deshalb ist jetzt das »Siehe« wieder konsequent eingefügt worden, ebenso wie andere scheinbare Füllwörter, die den Klang des Textes aber bereichern und denen, die lesen und hören, helfen, zu erkennen, mit welchem ganz besonderen Buch sie es zu tun haben.

Eine ganze Serie von Hinzufügungen war scheinbar nebensächlich, hat aber das Bild des Textes stark eingefärbt. Ein kleines Beispiel mit großer Wirkung sind Relativpronomen, die um der besseren Gliederung von Nebensätzen willen tausendfach eingefügt wurden – und, wie das im Deutschen naheliegt, immer männlich waren. Dadurch ist die deutsche Übersetzung viel patriarchalischer als das hebräische und griechische Original. So hieß es im Buch der Sprichwörter 1979 mit Blick auf weise Menschen:

> »Wohl dem, der auf ihn vertraut« (Spr 16,20 – alte EÜ).

Bei der Übersetzung steht sofort das Bild eines Mannes vor Augen. In der revidierten Version aber liest man:

> »Selig, wer auf den HERRN vertraut« (Spr 16,20 – neue EÜ).

Hier hat nicht nur das »selig« das »wohl« ersetzt (und die Kapitälchen zeigen an, dass im hebräischen Original der Gottesname steht); die einfache und syntaktisch korrekte Umformung spricht Männer und Frauen gleichermaßen an – wie die Bibel insgesamt.

Die Probleme einer schleichenden Paternalisierung wurden auch durch allzu freie Wiedergaben verstärkt. Zu Tobits Vermächtnis an seinen Sohn, bevor der sich auf die lange Reise begibt, um seinem Vater Heilung zu verschaffen und mit einer wunderbaren Frau heimzukehren, gehörte nach der 1979er-Ausgabe die Zusage:

»Wer aus Barmherzigkeit hilft, der bringt dem Höchsten eine Gabe dar, die ihm gefällt« (Tob 4,11 – alte EÜ).

Hier hätte man (wie an den meisten Stellen) problemlos auf das »der« verzichten können und damit den Text so geöffnet, dass sich auch Frauen ohne Umwege angesprochen wissen können. Freilich zeigt die Kontrolle am Urtext, dass die alte Einheitsübersetzung eher eine Paraphrase als eine Übersetzung lieferte. In der korrigierten Version ist es richtig:

»Eine gute Gabe vor dem Höchsten sind Almosen für alle, die sie geben« (Tob 4,11 – neue EÜ).

Der Plural ist kein Trick, der Geschlechterfrage auszuweichen (und dafür womöglich eine mangelnde Verbindlichkeit für die Einzelnen einzuhandeln), sondern schlicht die Wiedergabe dessen, was im griechischen Urtext steht.

Die Revision hätte an vergleichbaren Stellen noch konsequenter erfolgen können (in den Psalmen hat man aus Gründen des Sprachrhythmus an diesem Punkt besonders wenig verändert), ist aber auf dem richtigen Weg.

Die Behebung von Fehlern und Widersprüchen

Die Bibel selbst enthält eine Menge sachlicher Fehler. Auf dem Zweiten Vatikanischen Konzil sind sie von Experten eigens zusammengestellt worden, um die Überzeugung von der Irrtumsfreiheit der Bibel in die richtigen Bahnen zu lenken. Nach der Tora sind Hase und Dachs Wiederkäuer (Dtn 14,7); nach dem Markusevangelium hieß der Hohepriester, unter dem David die Schaubrote zum Essen genommen hat, »Abjatar« (Mk 2,25), während er in Wahrheit Ahimelech hieß (wie in 1 Sam 21,2 zu lesen ist). Lange hat man getrickst, um die Widersprüche auszugleichen. Auf dem Konzil hat man endlich den Ausweg aus der selbst gebauten Sackgasse gefunden, als Wahrheit der Bibel nicht das zu suchen, was sachlich richtig ist, sondern das, was den Menschen zum Heil dient, weil es sie mit Gott verbindet. Die sachlichen Fehler der Bibel selbst dürfen durch keine Übersetzung dieser Welt verbessert werden; sie gehören zur Menschlichkeit und Geschichtlichkeit der Heiligen Schrift. In einer Bibelausgabe gibt es Anmerkungen, um solche Irrtümer festzustellen und zu korrigieren.

Anders steht es mit Fehlern, die erst durch die Übersetzung entstehen. Sie müssen schnellstmöglich korrigiert werden. Über Tippfehler und falsche Stellenangaben bei Querverweisen braucht man nicht lange zu reden. Es gab nicht viele Mängel, aber einige wenige, die auszumerzen waren. Im 9. Kapitel des Johannesevangeliums wird beschrieben, wie Jesus einen Menschen heilt, der von Geburt an blind war. Sein Schicksal wird ausführlich besprochen, weil die Jünger die populistische Frage stellen, ob er oder seine Eltern gesündigt hätten, weil er dieses Handicap hat, und Jesus sie scharf zurechtweist, indem er auf das hinweist, was Gott mit diesem Menschen vorhat: dass er lebt und dass er sehen können wird, weshalb Jesus ihm das Augenlicht schenkt (Joh 9,1–7). Als der Geheilte aber seinen Nachbarn Bericht erstattet, erklärt er nach der Einheitsübersetzung, dass er »wieder« sehen kann, so als ob er je dazu in der Lage gewesen wäre. Die Revision hat den ärgerlichen Fehler, der sofort aufgefallen war, aber nicht korrigiert werden konnte, beseitigt und einfach das »wieder« gestrichen.

Stärker ans Eingemachte geht ein Satz aus dem Galaterbrief. Dort deckt Paulus den Widerspruch zwischen dem »Geist« eines gläubigen Menschen auf, der mit Gott Kontakt aufnimmt, und seinem »Fleisch«, das in der Gefahr steht, alles der Bedürfnisbefriedigung unterzuordnen. Nach der alten Einheitsübersetzung soll der Apostel geschrieben haben:

> »Denn das Begehren des Fleisches richtet sich gegen den Geist, das Begehren des Geistes aber gegen das Fleisch; beide stehen sich als Feinde gegenüber, sodass ihr nicht imstande seid, das zu tun, was ihr wollt« (Gal 5,17 – alte EÜ).

Wäre es so, gäbe es gar keine Sünde; denn Sollen setzt Können voraus. Aber bei Paulus steht von Unfähigkeit kein Wort; er sieht die Menschen unter einem selbsterzeugten Druck. Deshalb korrigiert die neue Einheitsübersetzung:

> »Denn das Fleisch begehrt gegen den Geist, der Geist gegen das Fleisch; denn diese sind gegeneinander, damit ihr nicht tut, was ihr wollt« (Gal 5,17 – neue EÜ).

Beim ersten Lesen kann man die Unterschiede schnell übersehen. Sie greifen aber tief in das Gottes- und das Menschenbild, in die Sündenauffassung und die Erlösungshoffnung ein. Paulus hat sich präzise ausgedrückt: Der Widerstreit zwischen »Geist« und Fleisch« droht den Menschen von sich selbst zu entfremden; deshalb bedarf es je neu der Rückbesinnung auf den Glauben, der befreit. Diesem Gedanken muss und kann die Übersetzung folgen, ohne gut gemeinte Abschwächungen oder Verschärfungen einzutragen. Der Rest ist Auslegung.

Andere Widrigkeiten sind durch die komplizierte Entstehungsgeschichte der Einheitsübersetzung aufgetreten. Nach Protesten ist im Neuen Testament das zwischenzeitlich vorgezogene »Wohl« wieder dem »Selig« gewichen – im Alten Testament aber nicht. Deshalb hieß es dort im 1. Psalm (und an allen vergleichbaren Stellen):

»Wohl dem Mann, der nicht dem Rat der Frevler folgt, ...« (Ps 1,1 – alte EÜ).

Das ist inkonsequent, weil das erste Wort in der griechischen Übersetzung, die das Hebräische gut wiedergibt, identisch mit den neutestamentlichen Seligpreisungen ist (*makarios*). Also heißt es jetzt:

»Selig der Mann, der nicht nach dem Rat der Frevler geht, ...« (Ps 1,1 – neue EÜ).

Die Reparatur war – am gesamten Text des Alten Testaments – dringend notwendig. In der alten Version konnte der verheerende Eindruck entstehen, nur im Neuen, nicht aber im Alten Testament könne man selig werden. Das war nicht gewollt; aber das Missverständnis lag nahe.

Das Beispiel ist krass. Es zeigt, dass mit großer Sorgfalt das Verhältnis zwischen beiden Testamenten gestaltet werden musste: Wie verhält sich die Einheit der Heiligen Schrift zum Unterschied zwischen den beiden Testamenten? Wie ist mit Schriftzitaten aus dem Alten Testament im Neuen umzugehen, zumal wenn der Ursprungstext hebräisch war, das Zitat aber auf Griechisch erfolgt ist? Seit der ersten Einheitsübersetzung hat sich die Diskussion stark weiterentwickelt.[10] Die Revision kann daran nicht vorbeischauen.

Die Berücksichtigung des Sprachwandels

Gerade weil die Einheitsübersetzung »Gegenwartsdeutsch« sprechen wollte, musste sie revidiert werden. Es ging nicht darum, wieder ein altertümelndes Bibeldeutsch zu pflegen. Aber die Sprache hat sich gewandelt. Vieles, was in den 1980er- und 1970er-Jahren modern schien, ist heute wieder veraltet. Nach der lukanischen Kindheitsgeschichte waren die Eltern Jesu, der Version von 1979 zufolge, da sie ihr zwölfjähriges Kind im Tempel sahen, »sehr betroffen« (Lk 2,48), während der griechische Text davon spricht, dass sie »staunten«, wie jetzt auch die Revision deutlich macht: Die Eltern Jesu waren »voll Staunen«. Die Kultur der Betroffenheit war damals sehr verbreitet. Seitdem der Satiriker Eckhard Henscheid auf das Cover seines Buches »Dummdeutsch« schrieb: »Du, das macht mich aber echt betroffen«, ist das Wort aber verbrannt.[11]

Die Betroffenheit ist das eine, die Selbsterfahrung das andere Lieblingsthema jener Zeit. Auch sie wurde in die Einheitsübersetzung hineingelesen. Nach dem Zweiten Korintherbrief soll Paulus die Gemeindemitglieder gefragt haben:

> »Erfahrt ihr nicht an euch selbst, dass Christus Jesus in euch ist?« (2 Kor 13,5 – alte EÜ).

Wörtlich müsste aber so übersetzt werden, dass nicht von Selbsterfahrung, sondern von Selbsterkenntnis die Rede ist. Leider versäumt die revidierte Einheitsübersetzung hier eine Korrektur.

Auf der anderen Seite steht, dass in den 60er- und 70er-Jahren des vorigen Jahrhunderts Ausdrücke gefunden wurden, die damals vielleicht gerade so noch durchgehen konnten, heute aber unmöglich geworden sind. Laut Einheitsübersetzung von 1979 soll Jeremia gefragt haben:

> »Ändert wohl ein Neger seine Hautfarbe …?«
> (Jer 13,23 – alte EÜ).

Der Prophet sprach aber von einem »Kuschiter«, einem Ägypter oder Sudanesen (nach heutiger Terminologie), dessen Teint dunkler als der eines Israeliten war. So übersetzt auch die Septuaginta: Äthiopier, nicht anders die Vulgata. In der Lutherbibel steht bis heute: »Mohr«. Nach der neuen Einheitsübersetzung liest man: »Schwarzer«. Das ist nicht der Weisheit letzter Schluss, aber besser als bisher. Wörtlicher wäre noch besser gewesen.

Der »Neger« ist nicht das einzige Beispiel. In der Tora stand:

> »Eine Hexe sollst du nicht am Leben lassen«
> (Ex 22,17 – alte EÜ).

Der hebräische Text spricht aber von Magierinnen, also von Frauen, die religiöses Geheimniswissen anwenden, das von denen, die sich auf Mose berufen, als falsch beurteilt wurde. (In der griechischen Septuaginta stehen Männer vor Augen.) Die Einheitsübersetzung schreibt jetzt, ähnlich wie die Lutherbibel, »Zauberin«. Das macht die Todesstrafe nicht leichter annehmbar; aber wenigstens ist der Eindruck vermieden, die Hexenverfolgungen der frühen Neuzeit könnten sich irgendwie auf die Heilige Schrift berufen.

Diese und andere Stellen sind nicht bewusste Diskriminierungen gewesen. Aber 2017 fallen sie mehr auf als 1979. Deshalb mussten sie beseitigt werden. Es geht nicht um *political correctness*, sondern um philologische Genauigkeit. Die Probleme waren nicht durch die Bibel selbst, sondern durch eine ungenaue Übersetzung zustande gekommen; also konnten und mussten sie auch revidiert werden; der Bibeltext wird dadurch klarer, auch in seinen Schattenseiten.

Tief greifender sind zwei andere sprachliche Tendenzen der alten Einheitsübersetzung gewesen: Abstraktion und Verfremdung.

Die Bibel ist reich an Bildern. Sie sind anschaulich; sie reflektieren aber auch das Leben vergangener Zeiten. Im Umkreis der 68er wurden die Bilder der Bibel gern und oft in Begriffe gefasst. Angeblich seien sie so besser zu verstehen. Darüber kann man streiten. Die starke Bildlichkeit der Bibel wird durch die Revision wieder sichtbarer. Bei der Landnahme hieß es als Wort Gottes an Josua vor der Einnahme der kanaanäischen Stadt Ai:

> »Ich gebe es in deine Gewalt« (Jos 8,18 – alte EÜ).

Damit schien Brutalität sakralisiert zu sein. Tatsächlich aber heißt es jetzt in der korrigierten Fassung wörtlich:

> »Ich gebe es in deine Hand« (Jos 8,18 – neue EÜ).

Damit wird die Verantwortung Josuas und der Israeliten begründet, auch wenn der Geschichte nichts von ihrer Härte genommen wird (vgl. Gen 9,2; 16,9).

Viel konkreter wird auch im Psalter übersetzt. Früher hieß es:

> »Er, der Herr, ist unser Gott.
> Seine Herrschaft umgreift die Erde« (Ps 105,7 – alte EÜ).

Nun steht in der verbesserten Einheitsübersetzung:

> »Er, der Herr, ist unser Gott.
> Auf der ganzen Erde gelten seine Entscheide«
> (Ps 105,7 – neue EÜ).

Aus einer abstrakten wird eine konkrete Aussage, weil Gott im Bild eines Richters und Gesetzgebers vor Augen tritt.

Aber es gab auch das Gegenbeispiel einer verunglückten Metaphorik, die korrigiert werden musste. Nach Ex 19,19 spricht Gott zu Mose, der alten Einheitsübersetzung zufolge, »im Donner«; nach dieser Übersetzung hätte sein Prophet nichts verstehen können. Jetzt heißt es korrekt (wenngleich noch ein wenig zu betulich): »mit verstehbarer Stimme«.

Auf der anderen Seite hat sich die alte Einheitsübersetzung offenkundig bemüht, dort, wo eine Übersetzung sprichwörtlich geworden war, erst recht eine andere Übersetzung zu wählen. So wurde in der Ausgabe von 1979 die erste Antwort Jesu auf die Versuchung des Teufels umständlich so wiedergegeben:

»Der Mensch lebt nicht nur von Brot«
(Mt 4,4 und Dtn 8,3 – alte EÜ).

Jetzt klingt der Satz wieder gut (wie bei Luther):

»Der Mensch lebt nicht vom Brot allein«
(Mt 4,4 und Dtn 8,3 – neue EÜ).

Ein anderes Beispiel liefert die Bergpredigt:

»Man zündet auch nicht ein Licht an und stülpt ein Gefäß darüber, sondern man stellt es auf den Leuchter; dann leuchtet es allen im Haus« (Mt 5,15 – alte EÜ).

Jetzt darf man wieder in der Bibel lesen, dass es nicht gut ist, sein Licht unter den Scheffel zu stellen:

»Man zündet auch nicht eine Leuchte an und stellt sie unter den Scheffel, sondern auf den Leuchter; dann leuchtet sie allen im Haus« (Mt 5,15 – neue EÜ).

Man kann erfreulicherweise auch das Lukasevangelium wieder so lesen, dass man das »Gegrüßet seist du, Maria« zu erkennen vermag, ohne dass der Unterschied zwischen der biblischen und der liturgischen Form eingeebnet würde. Früher soll Elisabeth zu Maria gesagt haben:

»Gesegnet bist du mehr als alle anderen Frauen«
(Lk 1,42 – alte EÜ).

Jetzt heißt es korrekt:

»Gesegnet bist du unter den Frauen« (Lk 1,42 – neue EÜ).

Die Revision folgt einfach dem Urtext. Sie hilft nicht nur, das Frauenbild vor Verzerrungen zu befreien, sie stellt auch die Mariologie vom Kopf auf die Füße. In der Liturgie heißt es: »gebenedeit«. Dort ist es verständlich; aber in der Bibel hätte es merkwürdig geklungen, weil kein anderer Gruß so gestaltet ist.

Jede einzelne Stelle mag mehr oder weniger Gewicht haben. Die Verträge der EKD mit der Bischofskonferenz waren so festgezurrt, dass eine fortlaufende Korrektur nicht möglich war. Deshalb stauten sich in drei Jahrzehnten eine Menge Probleme auf, die gelöst werden mussten.[12]

2. Wie ist die Revision erfolgt?
Starke Spannungen erzeugen große Energien

Die Revision der Einheitsübersetzung ist in einem längeren Prozess erfolgt, der verschiedene Phasen durchlaufen hat.

Den Anfang macht ein Gutachten, das der Neutestamentler Helmut Merklein (1940–1999), damals Vorsitzender des Wissenschaftlichen Beirates des Katholischen Bibelwerks, 1998/99 erstellt hat. Michael Theobald, Neutestamentler aus Tübingen, zeigte um die Jahrtausendwende am Beispiel des Lukasevangeliums die Notwendigkeit einer »moderaten Revision« auf. 2003 setzte die Pastoralkommission der Deutschen Bischofskonferenz, für die Bibel und ihre Übersetzungen zuständig, eine kleine Expertengruppe ein (zu der auch der Verfasser gehörte), die den Vorschlag für einen Revisionsauftrag und dessen Kriterien konkretisierte. Von der Bischofskonferenz wurde entschieden, die Einheitsübersetzung nach diesen Grundsätzen zu revidieren, zusammen mit dem Gesangbuch und dem Messbuch in einem großen, wenngleich in sich differenzierten Revisionsprozess. Die Koordination lag bei einer neu eingerichteten Arbeitsstelle der Bischofskonferenz: »Bücher der Kirche«.

Eine neue Richtschnur: Liturgiam authenticam

2001 erschien die »Fünfte Instruktion zur ordnungsgemäßen Ausführung der Konstitution des Zweiten Vatikanischen Konzils über die heilige Liturgie *Liturgiam authenticam*«[13]. Auf nicht weniger als 160 Seiten in der lateinisch-deutschen Ausgabe werden genaue Standards für liturgische Übersetzungen formuliert und Verfahren für die Anerkennung in Rom normiert, für alle Welt. Weil die Bibel auch im Gottesdienst verkündet wird, zählt sie als liturgisches Buch; eine offizielle Übersetzung bedarf nun der römischen Genehmigung; das war Ende der 70er-Jahre noch nicht der Fall.

Grundsätzlich plädiert *Liturgiam authenticam* für mehr Wörtlichkeit und für die konsequente Arbeit mit den Urtexten. Bis in den Wortschatz und in den Satzbau hinein solle das Original leitend sein – was nicht immer ganz leicht zu bewerkstelligen ist. Nichts dürfe ausgelassen, nichts hinzugefügt werden (Nr. 20). Übersetzungen aus Übersetzungen werden verboten. Für die Bibel heißt das: Hebräisch, Aramäisch, Griechisch, je nach dem Original (Nr. 24). Die Instruktion geht in ihrem Eifer für Übersetzungstreue aber noch weiter: Sie sieht die gerade im Westen verbreitete Gefahr, dass die Sprache »verkopft« wird. Also: keine Angst vor dem besonderen Sprachklang der Bibel, keine künstlichen Modernisierungen, keine Abkehr von den biblischen Metaphern (Nr. 43). Die Übersetzung soll die Bibeltexte nicht windschnittiger machen, sondern sie ruhig einmal sperrig, widerständig, archaisch sein lassen.

Gleichzeitig warnt die Leitlinie (in Nr. 40) davor, einen Wortschatz oder Stil zu wählen, »die das katholische Volk mit dem Sprachgebrauch nicht katholischer kirchlicher Gemeinschaften oder anderer Religionen verwechseln« könnte. Überdies fordert sie (in Nr. 41), die Bibelübersetzungen sollten möglichst dem Verständnis konform werden, das sich bei den Kirchenvätern findet und in der Liturgie seinen Niederschlag gefunden hat; im Zweifel solle man die Nova Vulgata (die in Rom erstellte, 1979 veröffentlichte neue lateinische Bibelübersetzung[14]) konsultieren.

In Deutschland hat die Instruktion, die in erster Linie auf die Messbücher zielt, viel Kritik geerntet, besonders bei den Liturgiewissenschaftlern. Gewiss ist es in einer Weltkirche nützlich, gemeinsame Standards zu haben. Wenn die Qualitätskontrolle funktioniert, stärkt sie auch das Gewicht einer einzelnen Übersetzung. Deutschland ist nicht der Nabel der Welt – aber Rom auch nicht. Weshalb wird so viel reguliert? Weshalb vertraut man nicht auf die Kompetenz vor Ort? Weshalb ist der Ton so barsch?

Im Fall der Bibel kommen Widersprüche hinzu. *Zum einen:* Gewiss wäre es falsch, die Sprache der katholischen Tradition künstlich zu verfremden. Aber die Warnung vor Anpassung an ökumenische Partner ist nicht nur unscharf und provokant formuliert; es wird auch undeutlich, wie sie sich zur Empfehlung in der dogmatischen Konstitution des Zweiten Vatikanischen Konzils über die göttliche Offenbarung verhält, bei Bibelübersetzungen die Zusammenarbeit »mit den getrennten Brüdern« zu suchen (*Dei verbum* 22). *Zum anderen:* Die Beschäftigung mit den Kirchenvätern, der Liturgie und der Vulgata ist in der Tat notwendig, weil niemand beim Nullpunkt anfängt. Die Kirchenväter müssen studiert werden, weil sie die beste Hilfe sind, an den Ursprungssinn der Texte heranzukommen. Die Vulgata, die lateinische Volksbibel der Spätantike, ist in manchen Fällen der Textkritik die beste Adresse. Die Nova Vulgata ist unter Latinisten wegen ihrer großen Wörtlichkeit berühmt und berüchtigt. Aber wie sich diese Rezeptionsorientierung zur Worttreue verhält, wird im vatikanischen Schreiben nicht klar.

Liturgiam authenticam ist das Dokument eines römischen Zentralismus, der durch Überregulierung mehr Probleme schafft als löst. Allerdings: Für die Revision der Einheitsübersetzung waren die Grundsätze der Instruktion weniger problematisch, weil die größere Nähe zum Urtext von Anfang an das Ziel der Revision gewesen ist und niemandem eine Kopie der Lutherbibel in den Sinn gekommen war. Die Widersprüche des römischen Textes ließen sich ausgleichen. Die revidierte Einheitsübersetzung, inzwischen offiziell anerkannt, zeigt, wie mit *Liturgiam authenticam* ein gutes Ergebnis erzielt werden kann.

Der Ausstieg der EKD

Ein tiefer Einschnitt in der Revisionsarbeit an der Einheitsübersetzung, der zu einer starken Verzögerung und indirekt zu einer neuen Organisation führte, war 2005 der Ausstieg der Evangelischen Kirche in Deutschland. Von katholischer Seite war eine Weiterführung der Kooperation bei den ökumenisch erstellten Partien – Psalmen und Neues Testament – erwünscht; eine offizielle Einladung wurde ausgesprochen; die von der Pastoralkommission eingesetzte Ad-hoc-Gruppe hatte mit der EKD abgestimmte evangelische Partner gefunden, die an der Entwicklung des Revisionskonzeptes mitzuarbeiten begonnen hatten. Als auf fachlicher Ebene eine Einigung in greifbarer Nähe war, begannen von kirchenorganisatorischer Seite die Probleme.

Der Aufhänger: Die römische Richtlinie

Als Grund für den plötzlichen Abbruch der konstruktiven und kollegialen Expertengespräche wurde vom Rat der EKD angeführt, dass eine Mitarbeit nach evangelischer Überzeugung nicht mit der vatikanischen »Instruktion« in Einklang zu bringen sei. Der evangelische Bischof Wolfgang Huber, damals Ratsvorsitzender der EKD, erklärte, »einige« der in *Liturgiam authenticam* genannten Grundsätze seien für die evangelische Seite inakzeptabel. Strittig kann nicht das Plädoyer für die Treue zum Urtext gewesen sein. Zu Irritationen haben aber zwei andere Prinzipien geführt: erstens, dass Abstand zu den Übersetzungen anderer Konfessionen gehalten werden müsse, ohne dass die ökumenische Partnerschaft gewürdigt wird, und zweitens, dass die Vulgata konsultiert werden solle, ohne dass das Verhältnis zur grundlegenden Bedeutung der Urtexte geklärt wurde. Vor allem wollte man sich nicht dem römischen Verfahren unterwerfen.

Tatsächlich sind hier Probleme von *Liturgiam authenticam* aufgespießt worden. Allerdings war die Kritik überzogen. Luther selbst hatte andauernd die Vulgata im Kopf; seiner Verdeutschung hat das nicht geschadet. Die Nähe zur Liturgie hat ihm sogar geholfen, einen guten Ausdruck zu finden. Ein hervorragendes Beispiel ist das »Gloria«, das dem Weihnachtsevangelium abgeschaut ist. Die alte Einheitsübersetzung klingt gestelzt; sie hatte: »Verherrlicht ist Gott in der Höhe.« In der Vulgata heißt es wie in der Messe (oder umgekehrt, in der Messe heißt es wie in der Vulgata):

»Gloria in altissimis Deo
et in terra pax
in hominibus bonae voluntatis.«

Genau so hat Luther übersetzt, und nichts anderes steht jetzt in der neuen Einheitsübersetzung:

»Ehre sei Gott in der Höhe
und Friede auf Erden
den Menschen seines Wohlgefallens«
(Lk 2,14 – neue EÜ).

Das Beispiel zeigt, dass die Probleme bei gutem Willen beiderseits hätten gelöst werden können. Anzuerkennen ist, dass durch *Liturgiam authenticam* die evangelisch-katholische Kooperation nicht einfacher geworden ist – ironischerweise, weil die Übersetzung der Bibel in römischen Augen aufgewertet worden ist. Möglich wäre sie gewesen. Kardinal Karl Lehmann, damals der Vorsitzende der Deutschen Bischofskonferenz, sprach von mangelndem Vertrauen. Die jetzt vorliegende Revision der Einheitsübersetzung lädt zur Überprüfung ein, ob die damaligen Befürchtungen der Evangelischen Kirche in Deutschland sich wirklich bestätigt haben oder nicht vielmehr überzogen gewesen sind.

Der größere Zusammenhang: Die Renaissance der Lutherbibel

Der evangelische Ausstieg kam nicht ganz unerwartet. Die Mitarbeit an der ersten Einheitsübersetzung war nicht nur der Ausdruck eines großen ökumenischen Engagements, sondern auch einer Krise der Lutherbibel, die zwar nie zur Disposition stand, aber doch vielen als verstaubt galt, sodass es gut schien, an einer Alternative mitzuarbeiten. In der Mitte der 1980er-Jahre aber hat es eine revidierte Version der Lutherbibel gegeben, die in den Gemeinden gut angekommen war. Eine Konkurrenz im eigenen Haus schien unpassender denn je. In einer »Ökumene der Profile« (Wolfgang Huber) trat die Suche nach Gemeinsamkeiten hinter die Besinnung auf die eigene Identität zurück. Nach der »Gemeinsamen Erklärung zur Rechtfertigungslehre«, 1999 in Augsburg vom Lutherischen Weltbund und der katholischen Kirche (inzwischen auch vom Methodistischen und demnächst vom Reformierten Weltbund wie den Anglikanern) unterzeichnet[15], tat sich aufseiten der evangelischen Theologie in Deutschland viel Protest auf, die protestantische Identität ginge verloren. Die römische Erklärung »Dominus Jesus« von 2000, die den evangelischen »Gemeinschaften« absprach, Kirche »im eigentlichen Sinn« zu sein, ohne sich um eine positive Würdigung ihres kirchlichen Charakters zu kümmern[16], tat ein Übriges.

Vor dem ersten Ökumenischen Kirchentag 2001 in Berlin kündigte die Evangelische Kirche in Deutschland den bis dahin gültigen Vertrag, dass bei ökumenischen Gottesdiensten regelmäßig die ökumenisch erstellten Partien aus der Einheitsübersetzung verwendet werden sollten – sodass auf dem Kirchentag die Lutherbibel als evangelische, die Einheitsübersetzung aber als katholische Übersetzung hingestellt wurde. Auch vorher schon hatten sich auf evangelischer Seite viele nicht an die Abmachung gehalten. Jetzt war klar, wohin die Reise ging. Der Ausstieg war dann konsequent. Er war damals auch auf katholischer Seite nicht allen unrecht. Insbesondere bleibt es eine Schwäche, dass man bei der Revisionsarbeit nicht doch auf eine andere Weise eine evangelische Beteiligung – sei es auf der Basis eines Beobachterstatus – gewollt und ins Werk gesetzt hat. Der Revisionsarbeit hätte es gewiss nicht geschadet.

Soll man fragen, wer die Verantwortung für das traurige Ergebnis übernehmen muss? Schuldzuweisungen von evangelischer auf die katholische Seite und zurück sind wohlfeil. Die zeitlichen Umstände waren für eine Kooperation nicht günstig. Man hätte trotzdem mehr tun können, um über den eigenen Schatten zu springen – auf evangelischer wie auf katholischer Seite.

Das Ergebnis kann nicht befriedigen: Deutsch ist die einzige Weltsprache, in der es keine ökumenische Bibelübersetzung gibt. Die »Gute Nachricht«, eine bewusst freie Übersetzung, die sich in Zusammenarbeit der Bibelwerke um einen leichten Zugang zur Heiligen Schrift, besonders für junge Leute, bemüht[17], kann eine ökumenische Zusammenarbeit auf der Ebene der Kirchen nicht ersetzen. Eine wechselseitige Anerkennung steht im Raum; aber auch der Status der Zürcher Bibel muss geklärt werden. Eine solche Erklärung wäre das Beste, was heute getan werden könnte. Künftige Projekte sollten aber nicht ausgeschlossen werden. Auch in anderen Sprachen gibt es neben den konfessionell geprägten Übersetzungen, die für Liturgie und Katechese bestimmt sind, von den Kirchen gewollte und getragene ökumenische Übersetzungen, die zeigen, wie intensiv sich die Kirchen um ein gemeinsames Glaubenszeugnis kümmern.

Die Organisation der Revision

Nach der Krise, die durch den Ausstieg der EKD entstanden war, wurde die Revisionsarbeit grundlegend neu organisiert. Die von der Pastoralkommission eingesetzte Arbeitsgruppe spielte keine entscheidende Rolle mehr.

Die Rolle des Leitungsgremiums

In der Tradition der ersten Einheitsübersetzung stand die Einrichtung einer bischöflichen Leitung – was nur konsequent ist, da es ein Lehramt der Bischöfe gibt. Die Neutestamentler Wilhelm Egger von Bozen-Brixen, bis zu seinem Tod 2008 Vorsitzender, und Joachim Wanke, Bischof von Erfurt, sein Nachfolger im Vorsitz, sowie der Basler Weihbischof Martin Gächter nahmen sich der Aufgabe an. Sie zogen eine Reihe von Fachleuten heran, die als »elder statesmen« Autorität verbürgen sollten: für das Alte Testament Erich Zenger aus Deutschland (gestorben 2010), Johannes Marböck aus Österreich und Adrian Schenker aus der Schweiz, ab 2009 zudem Hans-Winfried Jüngling von Frankfurt-St. Georgen, für das Neue Testament Joachim Gnilka und Rudolf Pesch (gestorben 2011) aus Deutschland sowie Franz Zeilinger aus Österreich. Von der ursprünglichen Vorbereitungsgruppe wurde niemand berufen. Die Geschäftsführung lag bei der Arbeitsstelle »Bücher der Kirche« der Deutschen Bischofskonferenz.

Das Leitungsgremium beauftragte 32 Fachleute für das Alte und 16 für das Neue Testament, darunter auch – erstmals – Frauen, sieben im Alten und eine Frau im Neuen Testament. Diese Expertinnen und Experten sollten in der Regel für ein Buch oder einen bestimmten Abschnitt Revisionsvorschläge unterbreiten, anhand der allgemeinen Kriterien, die in der Vorbereitungsphase erstellt worden waren, aber ohne Absprache untereinander. Dadurch entstanden nicht wenige Reibungspunkte, weil trotz einer gemeinsamen Auftaktveranstaltung 2006 die Hinweise zum Umfang der Bearbeitung unklar blieben und es an einer organisierten Abstimmung zwischen den Revisorinnen und Revisoren fehlte.

Diesen Mangel hätte das neu installierte Leitungsgremium ausgleichen müssen. Zwischen 2006 und 2014 trat es zu nicht weniger als 30 mehrtägigen Sitzungen zusammen. Hier wurden sorgfältig alle eingehenden, teils disparaten, Revisionsvorschläge geprüft. Hier wurden auch die Eckpfeiler und Ausrufezeichen der Revisionsarbeit gesetzt. Den Exegetinnen und Exegeten, die Vorschläge gemacht hatten, wurde Gelegenheit zur Stellungnahme und zum Insistieren gegeben. Am Ende musste das Leitungsgremium entscheiden, meistens mit den Voten der Revisorinnen und Revisoren, aber nicht selten auch gegen sie. So wurde im Galaterbrief (neben sehr vielem anderen) der Vorschlag aufgenommen, das Gesetz, das im Griechischen als *paidagogos* vorgestellt wird, nicht mehr als »Zuchtmeister«, sondern als »Erzieher« erscheinen zu lassen (Gal 3,24). Nicht aufgegriffen wurde hingegen der Vorschlag, Paulus im Galaterbrief zu Anfang nicht gegen jedes Evangelium polemisieren zu lassen, das »anders … als« das von ihm verkündete ist, sondern ihn, mit dem griechischen Text, nur eine Verkündigung kritisieren zu lassen, die »gegen das« ist, wovon er mit den anderen Aposteln überzeugt war (Gal 1,8). Die Absicht des Revisionsvorschlages wurde freilich nicht geleugnet, sondern im folgenden Vers überdeutlich zum Ausdruck gebracht, wo – trotz gleicher griechischer Formulierung – nun steht: »im Widerspruch zu …« (Gal 1,9). Von derartigen Beispielen gibt es in der gesamten Bibel sehr viele. Sie zeigen mehr als den guten Willen, nämlich ein echtes Interesse des Leitungsgremiums an kollegialer Zusammenarbeit, aber doch auch Ergebnisse, die nicht ganz ausgeglichen sind.

Das komplizierte Verfahren ist dem Endprodukt anzumerken. Umfang und Qualität der Revisionen schwanken zwischen verschiedenen Büchern nicht unerheblich. Einiges wird im üblichen Meinungsstreit der Bibelwissenschaften strittig bleiben. Anderes hätte durch eine andere Organisation der Arbeit, eine stärkere Vernetzung der Fachleute untereinander und ein anderes Verhältnis zum Leitungsgremium verbessert werden können. Freilich: Ohne Teamwork gibt es keine gute Bibelübersetzung; das war auch bei Martin Luther nicht anders. Die Arbeit des Leitungsgremiums verdient hohe Anerkennung. Optimal war das Verfahren aber nicht.

Die Rolle der Bischofskonferenzen und des Heiligen Stuhles

Die Deutsche Bischofskonferenz hat den vom Leitungsgremium beschlossenen Text geprüft und buchstäblich Seite für Seite beschlossen. Wie sinnvoll auch immer dieses Verfahren den Beteiligten erschienen sein mag – es zeugt vom großen Respekt vor der Bibel und der bischöflichen Lehraufgabe. Ähnlich hat man auch in Österreich, der Schweiz und den anderen beteiligten Diözesen die Aufgabe wahrgenommen.

Freilich bedurfte es, den neuen Bestimmungen zufolge, auch einer »Rekognoszierung« – einer offiziellen Anerkennung – durch Rom. Dieses Verfahren war in anderen Fällen schwierig gewesen, so bei einer Neuübersetzung des Messbuches ins Englische, wo einige Wörtlichkeit, andere Verständlichkeit vorzogen.[18] Beim deutschen Messbuch hakt es ziemlich.[19] Im Vergleich dazu ist die Einheitsübersetzung vergleichsweise reibungslos durchgelaufen. Erstens war sie gut vorbereitet, zweitens hat die deutsche Exegese keinen ganz schlechten Ruf und drittens war von Anfang an ein Weg gewählt worden, der extreme Ausschläge vermieden hat. Über »Brüder und Schwestern« ist gesprochen worden. Bei der Übersetzung des Gottesnamens gab es eine klare Direktive (vgl. den folgenden Abschnitt). Andere Veränderungen sind problemlos akzeptiert worden, auch wenn sie manchem heikel erscheinen mochten. Am Ende zeigt die revidierte Einheitsübersetzung, dass die Kooperation mit Rom klappen kann, wenn man dort das Fachwissen, die Sprachsensibilität und das pastorale Engagement vor Ort respektiert und wenn man sich in Deutschland nicht scheut, die eigene Position in Rom offen zu besprechen.

Unbefriedigend bleibt die Intransparenz des Verfahrens in seiner Schlussphase. Die Akten der letzten Revisionen sind verschlossen, auch für die Bearbeiterinnen und Bearbeiter. Wie es scheint, sind im Zuge der offiziellen Anerkennung und nach ihr noch eine ganze Reihe von Veränderungen vorgenommen worden, über die es keinen fachlichen und kirchlichen Austausch mehr gegeben hat. Auch zwischen den verschiedenen beteiligten Bischofskonferenzen hat nicht nur eitel Sonnenschein geherrscht; vielmehr sind am Ende mehr Auseinandersetzungen untereinander als mit Rom geführt worden. Es wäre besser, wenn über diese Konflikte nicht der Mantel des Schweigens gebreitet würde, sondern wenn die Akten offengelegt würden, sodass alle sich ihr eigenes Urteil bilden können. Auf die Doktorarbeit, die nach Öffnung der Archive geschrieben werden wird, sollte die interessierte Öffentlichkeit nicht warten müssen.

3. Welches sind die besonderen Merkmale der neuen Version? *»Brüder und Schwestern« – und Gott, der »Herr«*

Die mit Abstand meisten Veränderungen am Text der Einheitsübersetzung sind schlicht und ergreifend Korrekturen, die das Deutsche etwas näher an den Urtext heranführen. Das prägt den Gesamteindruck: Die Einheitsübersetzung spricht hörbar Bibeldeutsch. Aber sie versinkt nicht in Nostalgie. Sie setzt auf gute Verständlichkeit. Der deutsche Bibeltext ist griffiger geworden, kerniger, zuweilen sperriger, aber interessanter, tiefer, anstößiger. Er bedient nicht die religiösen Stimmungen und Erwartungen, sondern stellt sie infrage, so wie dies die Bibel von Anfang an tun wollte. Er hat aber keine Angst davor, die Sprache der Liturgie und der Tradition zu sprechen – wenn sie biblisch ist. Die Übersetzung stellt Bilder wieder als Bilder vor Augen; sie tilgt typisch biblische Wendungen (»Und siehe, ...«; »... es geschah ...«) nicht mehr; sie lässt Ergänzungen, Erläuterungen, Veränderungen des Bibeltextes weg, die dem besseren Verständnis dienen sollten, aber es zuweilen erschwert haben. So sind alle Klammerzusätze getilgt worden, bei denen man nie sicher war, ob man sie mitlesen soll oder nicht.

Eine ganze Reihe von Änderungen sind klare Verbesserungen durch genauere Wiedergabe des Urtextes. »Gott ist Liebe« heißt es jetzt so einfach und tief wie der griechische Urtext im Ersten Johannesbrief (1 Joh 4,8.16), ohne den bestimmten Artikel der älteren Version (»Gott ist die Liebe«), so als ob die Liebe eine Himmelsmacht wäre, auf die Gott sich beziehen müsse, während sie doch ihn selbst kennzeichnet, der sie schenkt. Viele hat es geärgert, dass sich Martha, die im Haus für den Gast geschuftet hat, von Jesus zurechtweisen lassen musste, Maria habe »das Bessere« erwählt; jetzt heißt es einfach, wie im griechischen Text, sie haben den »guten Teil gewählt« (Lk 10,42), womit nicht der andere als schlecht ausgewiesen, sondern die Diskussion über Tun und Hören eröffnet wird, ohne sogleich Noten zu verteilen, die anscheinend nötigen, das kontemplative dem aktiven Leben vorzuziehen. Ebenso ist es gut, dass es bei Judas jetzt nicht mehr stereotyp heißt: »der ihn verraten hat«, sondern wortgetreu: »der ihn ausgeliefert hat« (Mk 3,14 u.ö.); es bleibt bei der Schuld des Freundes Jesu, aber sie wird nicht sofort moralisiert, sondern so konstatiert, dass die Urteilsbildung nicht schon in die Übersetzung einfließt, die dann keine Fragen mehr offenlässt.

Im Alten Testament wird klar, dass der Mensch nicht als »Abbild«, sondern als »Bild« Gottes erschaffen ist (Gen 1,26f.; 9,6; Sir 17,3; vgl. Jak 3,9); unverständlich ist dann allerdings, dass im Ersten Korintherbrief beim selben Wort wieder »Abbild« steht (1 Kor 11,7); vermutlich ist die Stelle übersehen worden, sie sollte schnellstmöglich angepasst werden.

Im Jesajabuch wird auch das Vierte Lied vom Gottesknecht, das als alttestamentliche Lesung in der Karfreitagsliturgie verkündet wird, künftig etwas anders klingen. Der zuständige Revisor, Ulrich Berges, weist vor allem auf drei Verbesserungen hin: In Jes 52,13 heißt es jetzt im Futur, dass Gottes »Knecht Erfolg haben wird« (nicht mehr im Präsens, dass er Erfolg hat); in Jes 53,9 wird nicht mehr geschrieben, sein Grab sei bei den »Ruchlosen« und »Verbrechern«, sondern, wie es im Text steht, bei den »Frevlern« und »Reichen«; in Jes 53,10 steht nicht mehr, dass der Knecht »sein Leben als Sühnopfer hingab«, sondern dass Gott »sein Leben als Schuldopfer einsetzt«. Durch diese Änderungen kommt nicht nur das charakteristische Profil jener aufregenden Meditation über einen Heiligen, der durch sein Sterben seinen Mördern das Leben schenken will, zum Ausdruck; es entstehen auch neue Spannungsbögen zum Neuen Testament, vom Letzten Abendmahl bis zum Begräbnis Jesu durch Joseph von Arimathäa und der Auferstehung Jesu von den Toten – nicht im Sinne einer Gleichsetzung, sondern eines Gespräches, ohne das weder die Hoffnung Israels noch der christliche Osterglaube ausgedrückt werden könnten. Von solchen Klärungen, die das Verständnis erleichtern und vertiefen, weil sie dem Text besser folgen, gibt es in der neuen Einheitsübersetzung Hunderte.

Umgekehrt gibt es aber auch keinen Rabatt aufs Verstehen. Wenn die Bibel schwierig ist, dann ist es auch die Übersetzung. Nach wie vor heißt es im Vaterunser: »Führe uns nicht in Versuchung« (Mt 6,13) – weil der Text eine solche Übersetzung fordert, auch wenn sich Widerspruch regt, der sich scheinbar auf den Jakobusbrief berufen kann (Jak 1,13: Gott führt »selbst niemanden in Versuchung«). Nach wie vor heißt es auch bei der Vertreibung aus dem Paradies, dass der Mann über die Frau »herrschen« werde (Gen 3,16) – nicht, weil Gott es so gewollt hätte, sondern weil so die Sünde jenseits von Eden ihre Macht ausübt.

Der Name Gottes

Eine große Veränderung der neuen gegenüber der alten Einheitsübersetzung betrifft den Gottesnamen. Das Tetragramm (»Vier Buchstaben«) JHWH, das im hebräischen Text steht, wird von Juden seit der Antike nicht ausgesprochen, damit sie den Namen Gottes nicht unheilig im Munde führen, so edel auch immer ihre Motive sein mögen. Im masoretischen Text werden die vier hebräischen Konsonanten-Buchstaben mit den Vokalzeichen für das Wort *adonaij* – »Herr« versehen. (Daraus erklärt sich das Missverständnis, der Gottesname müsse »Jehova« ausgesprochen werden.) Dieser jüdischen Sitte folgend, übersetzt die Septuaginta das Tetragramm mit *kyrios* und die Vulgata mit *dominus*. In dieser Spur wählen nahezu alle deutschen Übersetzungen, auch die älteren katholischen, »Herr«. Die Einheitsübersetzung von 1979 war die einzige, die an vielen Stellen »Jahwe« schrieb. Dies geschah um der Treue zum hebräischen Originaltext willen, aber gegen die Intention der jüdischen Tradition, der sich der hebräische Text verdankt.

In der revidierten Einheitsübersetzung kehrt man zur traditionellen Praxis zurück – aus Gründen der Freundschaft zwischen Juden und Christen, aus Gründen der ökumenischen Partnerschaft, weil auch die Lutherbibel und die Zürcher Bibel nie den Gottesnamen »Jahwe« geschrieben haben, nicht zuletzt aber auch aus Gründen des Zusammenhangs zwischen beiden Testamenten, weil das Neue Testament, auch wenn es zitiert, nie »JHWH«, sondern immer *kyrios* (Herr) schreibt.

Allerdings wird das hebräische *adonaij* nur für Gott verwendet, nicht auch für Menschen, anders als im Griechischen *kyrios* und im Lateinischen *dominus*, anders auch als im Deutschen »Herr«. Um die Stellen genau zu markieren, wo im hebräischen Text das Tetragramm steht, wird in der neuen Einheitsübersetzung immer in Kapitälchen HERR geschrieben, ähnlich wie in der Lutherbibel. Beim Vorlesen ist es nicht zu hören, aber beim Lesen des Textes springt es ins Auge.

Im Buch Exodus rückt der Name Gottes ins Zentrum der Theologie. Mose fragt am brennenden Dornbusch nach dem Namen Gottes, der ihn zum Befreier des Volkes berufen hat. Nach der alten Einheitsübersetzung antwortete Gott umständlich:

»Ich bin der ›Ich bin da‹« (Ex 3,14 – alte EÜ).

Die Wendung ist nicht falsch, gehört aber eher in eine erklärende Anmerkung als in den Bibeltext, der auf Hebräisch (wie auf Griechisch und Lateinisch) karger ist. So kommt es in der Revision der Einheitsübersetzung gut heraus:

»Ich bin, der ich bin« (Ex 3,14 – neue EÜ).

Diese Übersetzung ist wörtlicher, besser und spannender. Denn wer Gott ist, wird sich erst herausstellen. Das Exodusbuch schlägt einen großen Bogen bis zur Höhe des Sinai. Dort offenbart Gott sich Mose auf der Höhe des Berges in einer Wolke. Die alte Einheitsübersetzung gab die entscheidenden ersten Worte so wieder:

»[6]Der Herr ging an ihm vorüber und rief:
Jahwe ist ein barmherziger und gnädiger Gott, langmütig, reich an Huld und Treue:
[7]Er bewahrt Tausenden Huld, nimmt Schuld, Frevel und Sünde weg, lässt aber (den Sünder) nicht ungestraft; er verfolgt die Schuld der Väter an den Söhnen und Enkeln, an der dritten und vierten Generation.
[8]Sofort verneigte sich Mose bis zur Erde und warf sich zu Boden« (Ex 34,6ff. – alte EÜ).

Die neue Übersetzung beachtet die Tradition, den Gottesnamen nicht auszusprechen; sie verwendet Kapitälchen; sie folgt dem hebräischen Satzduktus; sie macht die biblische Metaphorik sichtbar und löst die Klammer auf:

»[6]Der HERR ging vor seinem Angesicht vorüber und rief:
Der HERR ist der HERR, ein barmherziger und gnädiger Gott, langmütig, reich an Huld und Treue:
[7]Er bewahrt tausend Generationen Huld, nimmt Schuld, Frevel und Sünde weg; aber er spricht nicht einfach frei; er sucht die Schuld der Väter an den Söhnen und Enkeln heim, bis zur dritten und vierten Generation.
[8]Sofort verneigte sich Mose bis zur Erde und warf sich zu Boden« (Ex 34,6ff. – neue EÜ).

Durch die revidierte Übersetzung wird nicht nur deutlicher, wie sich Gottes Barmherzigkeit und Gerechtigkeit zueinander verhalten und dass seine Huld tausend Generationen erreicht, seine Schuldaufnahme aber allenfalls bis zur dritten und vierten Generation dauert. Auch die »Herr«lichkeit Gottes (wie man auf Deutsch, anders als auf Hebräisch, Griechisch und Lateinisch, sagt) wird unterstrichen. Das wird nicht allen schmecken. Es war aber eine römische Auflage gemäß *Liturgiam authenticam* (Nr. 41b) und die Konsequenz sowohl des jüdisch-christlichen Dialoges wie auch der ökumenischen Annäherung. Die Alternative wäre eine Regelung wie die der »Bibel in gerechter Sprache« gewesen, die eine Fülle von Alternativen anbietet, die nach dem Geschmack der Leserin und des Lesers an den markierten Stellen gewählt werden sollen: »Adonaij«, »Gott«, »ha Makom« (»der Ort«), »ha Schem« (»der Name«), »der/die Ewige«, »der/die Heilige«, »Du«, »Er«/«Sie«, »der/die Eine« und anderes mehr – sogar im Neuen Testament, obgleich dort nirgends das Tetragramm steht.[20] Es ist gut, dass die Einheitsübersetzung nicht auf eine solche Idee verfallen ist, die der Willkür Vorschub leistet. Es ist auch gut, dass nicht mehr »Jahwe« steht. Unumstritten wird die Neuerung nicht bleiben. Denn das Gottesbild wird durch diese Änderung sehr viel männlicher, als es in der älteren Version schien. Aber man kann nicht alles haben – und sich auf die Suche nach den vielen biblischen Bildern Gottes machen, vom Hirten (Ps 23) bis zur Mutter (vgl. Jes 66,13; 49,15), von der Burg (Ps 31,3 u. ö.) bis zum Licht (Ps 104,3), vom König (Obj 1,21 u. ö.) bis zum Bräutigam (Jes 61,10).

Männlich und weiblich

Erkennbar ist die revidierte Einheitsübersetzung daran interessiert, durch eine sensible Übersetzung den herrschenden Patriarchalismus der Bibel nicht noch zu verschärfen. Sie macht nicht den Fehler der »Bibel in gerechter Sprache«, sogar die Vater-Anrede Gottes, bis ins Vaterunser hinein, unter Ideologieverdacht zu stellen und ebenso text- wie sinnwidrig zu ändern. Aber sie hat – ebenso wie die revidierte Lutherbibel und die erneuerte Zürcher Bibel – eine Neuerung eingeführt, die aufhorchen lassen wird. Im Neuen Testament, etwa in den Briefen des Apostels Paulus, wird oft die ganze Gemeinde angeredet, auf Griechisch als *adelphoi*, wortwörtlich übersetzt: als »Brüder«. Es ist aber erkennbar so, dass Paulus nicht nur Männer, sondern auch Frauen vor Augen hat. Das wird in der neuen Einheitsübersetzung dann klargemacht, wenn in einem Brief direkt die Gemeinde angeredet wird, so zum Beispiel im Auferstehungskapitel des Ersten Korintherbriefes:

> »Ich erinnere euch, Brüder und Schwestern, an das Evangelium, das ich euch verkündet habe. Ihr habt es angenommen. Es ist der Grund, auf dem ihr steht« (1 Kor 15,1 – neue EÜ).

Puristen werden protestieren und sagen, dass der Text vor zweitausend Jahren geschrieben worden sei, als niemand so gesprochen habe. Allerdings wollte der Brief immer anreden und aufschließen; die Sensibilität für geschlechterfaire Sprache ist heute groß. Überdies steht in den Lektionaren längst das »Brüder und Schwestern« oder »Schwestern und Brüder« als typische Einleitungsformel vor jeder Lesung aus einem neutestamentlichen Brief, auch wenn der Bibeltext selbst keine Anrede hat.

Freilich gibt es keine Maßnahme ohne Risiken und Nebenwirkungen. Wenige Verse später berichtet Paulus davon, dass der auferstandene Jesus »mehr als fünfhundert Brüdern zugleich erschien« (1 Kor 15,6). Hier steht gleichfalls im Griechischen *adelphoi;* auch hier ist historisch damit zu rechnen, dass Paulus nicht nur an Männer, sondern auch an Frauen gedacht hat. Wenn *adelphoi* aber im laufenden Text erscheint, wird das Wort nur mit »Brüder« übersetzt. Das hat den Vorteil, dass die Doppelung nicht zu oft vorkommt und dann gewollt wirkt, aber den Nachteil, dass der Erklärungsbedarf steigt, weil die Gegenüberstellung der Verse 1 und 6 nun den Eindruck erwecken muss, in Vers 6 seien tatsächlich nur Männer gewürdigt worden, den Auferstandenen zu sehen, weil ja im Gegensatz zur Eröffnung des Kapitels Schwestern nicht erwähnt werden; die alte Praxis, beim Wörtlichen zu bleiben, war hier nicht nur konsistenter, sondern auch weniger missverständlich.

Ein weiteres Problem ist die Inkonsequenz. Der Kolosserbrief hat jetzt nur (wie früher) »Brüder« in der Adresse, wiewohl ein Gruß vorliegt, also eine Anrede, die zweifelsohne auch Frauen, also Schwestern meint (Kol 1,1). Noch problematischer ist die Übersetzung im Alten Testament. Es kennt (in erzählten Reden) die Anrede »Brüder«, auch wenn sich eindeutig aus dem Kontext ergibt, dass Frauen wie Männer angesprochen werden, so bei Jakobs Frage in Haran nach Laban am Brunnen vor dem Tore (Gen 29,4) und bei Usijas Aufruf gegen Resignation (Jdt 7,30). Beide Male wird kein Brief zitiert. Aber es ist misslich, dass die Einheitsübersetzung jetzt den Eindruck erweckt, erst im Neuen, nicht auch schon im Alten Testament seien Frauen so wichtig, dass sie als Schwestern direkt angeredet werden.

Wie hätte man dem Dilemma entkommen können? Eine saubere Lösung wäre es gewesen, im Bibeltext die »Brüder« im Alten wie im Neuen Testament, in der Anrede wie im laufenden Text »Brüder« sein zu lassen, wo an neuralgischen Punkten Anmerkungen Aufklärung hätten schaffen können, in den Lektionaren aber ebenso konsequent »Brüder und Schwestern« oder »Schwestern und Brüder« zu schreiben, auch im Alten Testament und auch in fortlaufenden Texten. Über diesen Schatten ist man nicht gesprungen, wohl um Präzedenzfälle zu vermeiden. Allerdings gibt es bereits jetzt keine hundertprozentige Deckungsgleichheit von Bibel- und Lektionarstext, weil die Evangelien im Lektionar regelmäßig mit »In jener Zeit …« eingeleitet werden, auch wenn die Wendung (wie in den weitaus meisten Fällen) im Bibeltext nicht steht. Was die »Brüder und Schwestern« angeht, ist ein Kompromiss entstanden, mit dem man leben kann, nicht mehr und nicht weniger.

Die Sensibilität für die Geschlechterfrage zeigt sich auch in der Entscheidung, an zwei Schlüsselstellen genauer und deshalb ungewohnter zu übersetzen. Bei der Schöpfungsgeschichte heißt es jetzt nicht mehr, dass Gott den Menschen »als Mann und als Frau«, sondern dass er die Menschen »männlich und weiblich« erschaffen habe (Gen 1,26f.). Dementsprechend heißt es an einer tauftheologisch grundlegenden Stelle im Galaterbrief nicht mehr, dass es in Christus »nicht Mann und Frau« gebe; vielmehr wird übersetzt:

> »Es gibt nicht mehr Juden und Griechen, nicht Sklaven und Freie, nicht männlich und weiblich; denn ihr alle seid einer in Christus Jesus« (Gal 3,28 – neue EÜ).

»Männlich und weiblich« ist wörtlich. Der Bezug zur Genesis wird klar. Die Formulierung kann helfen, in den gegenwärtigen Debatten über das natürliche und das soziale Geschlecht keinen Biologismus festzuschreiben, sondern Möglichkeiten einer neuen Lebensgestaltung jenseits von Geschlechterkampf und Frauendiskriminierung anzuzeigen. Dennoch kann die neue Übersetzung nicht überzeugen. Denn selbstverständlich gibt es innerhalb wie außerhalb der Kirche nach wie vor Männer und Frauen, so wie es immer noch Juden und Christen gibt und leider Gottes immer noch Sklaven und Freie. Korrekt hätte es jeweils im Singular heißen müssen: »Es ist nicht Jude oder Grieche, Sklave oder Freier, Mann oder Frau (resp. männlich oder weiblich); denn alle seid ihr einer in Christus Jesus.« Das heißt: In der Kirche sind die alten Gegensätze überholt – durch Jesus Christus. Das wird in der Taufe gefeiert. So entsteht Einheit.

Junge Frau und Jungfrau

Eine neue Anmerkung der revidierten Einheitsübersetzung hat Aufregung verursacht. Angeblich werde der Artikel des Glaubensbekenntnisses: »geboren von der Jungfrau Maria« zur Disposition gestellt. Das Gegenteil ist der Fall.

Worum geht es? Sowohl Matthäus als auch Lukas erzählen, dass Maria als Jungfrau Jesus empfangen hat, und zwar durch den Heiligen Geist (Mt 1,18; Lk 1,35). Matthäus reflektiert diese Überlieferung mit einem Gotteswort, das er beim Propheten Jesaja gelesen hat:

> »Siehe, die Jungfrau wird empfangen und einen Sohn gebären,
> und sie werden ihm den Namen Immanuel geben,
> das heißt übersetzt: Gott mit uns« (Mt 1,23 – neue EÜ).

Hier, wo es darauf ankommt, ist nicht nur von »Jungfrau« die Rede; das gesamte Wort ist genauer und prägnanter als früher übersetzt worden. Matthäus zitiert die Septuaginta, die griechische Übersetzung von Jes 7,14, die *parthenos*, Jungfrau, schreibt; das ist der Ausdruck einer messianischen Erwartung im Judentum, die Matthäus teilt.

Schaut man jedoch in den hebräischen Text des Alten Testaments, so ist bei Jesaja eine »junge Frau« *(ha almah)*, nicht speziell eine Jungfrau (*betula*) als Mutter des Kindes gemeint (Jes 7,14). Gleichwohl wird – wie in der Lutherbibel, aber anders als in der Zürcher Bibel (die noch nicht einmal eine Anmerkung macht) – auch im Alten Testament nicht »junge Frau«, sondern, wie in der alten Fassung der Einheitsübersetzung, »Jungfrau« übersetzt, wegen der Aufnahme im Matthäusevangelium. In einer kurzen Anmerkung der neuen Einheitsübersetzung wird aufgeklärt: Das »hebräische Wort heißt eigentlich junge Frau«. Manche haben sich am Wörtchen »eigentlich« gestoßen, zu Unrecht. Man hätte auch »ursprünglich« schreiben können. Beides stimmt. Die alte Einheitsübersetzung hat indes den Sachverhalt verschleiert, weil es dort in der Anmerkung heißt, das hebräische Wort »werde auch als ›junge Frau‹ gedeutet«. Tatsächlich zeigt aber jeder Blick in ein hebräisches Lexikon, dass es sich nicht um eine mögliche Auslegung von Einzelnen handelt, sondern um die Grundbedeutung des Wortes.

Die griechische Übersetzung des Judentums mit »Jungfrau«, die Matthäus aufgreift, ist allerdings kein »Fehler«, sondern eine kreative Auslegung, die den »Immanuel« als Messiaskind sieht, so wie es im Jesajabuch selbst immer deutlicher herausgearbeitet wird (Jes 7.9.11). Deshalb ist es auch kein Fehler, sondern Ausdruck einer christlichen Schriftlektüre, in den Bibeltext des Jesajabuches bei der Übersetzung »Jungfrau« zu schreiben. Diese Wiedergabe zeigt den Zusammenhang der beiden Testamente, wie er sich in einer christlichen Perspektive zeigt. Es muss aber dieser christliche Standpunkt markiert werden. Das geschieht durch die Anmerkung. Sie deckt auf, dass die Erfüllung der Verheißung, von der Matthäus spricht, nicht das Aufgehen einer mathematischen Gleichung ist, sondern der schöpferische Akt einer Rettung, die sich nie und nimmer aus der männlichen Zeugungskraft (modern gesprochen: aus der Evolution) ableiten lässt, sondern nur auf Gottes Macht allein gründen kann.

Dienste der Kirche

Große Aufmerksamkeit richtet sich im Neuen Testament auf die Dienste – Luther sagte: die Ämter – der Kirche. Vieles ist während der Anfangszeit im Fluss. Aber die Kirche aller Generationen und Konfessionen bezieht sich im Kern immer wieder auf das Neue Testament, sowohl um eine passende institutionelle Form zu finden als auch um die Formen mit Inhalten zu füllen.

Die revidierte Einheitsübersetzung setzt Akzente. Bemerkenswert ist, dass nach dem Schlusskapitel des Römerbriefes Paulus jetzt wieder Grüße an eine Junia ausrichtet, also an eine Frau, die mit ihrem Partner Andronikus »unter den Aposteln« herausragt (Röm 16,7). In der alten Einheitsübersetzung schien noch ein Mann, Junias, angeredet worden zu sein. Die gesamte Antike hatte aber eine Frau gesehen. Zu Beginn des frühen Mittelalters wurde allerdings eine »Geschlechtsumwandlung« vorgenommen, die dann über Jahrhunderte vorherrschte. Erst in den 80ern des 20. Jahrhunderts kam es zu einem Umschwung, zu spät für die alte Einheitsübersetzung, zu spät auch für die ältere Lutherbibel, während jetzt die revidierten Versionen aller drei großen deutschen Übersetzungen wieder die Frau zu Ehren bringen, gemäß dem exegetischen Forschungsstand. Die Verschiebung erklärt sich daraus, dass aus dem griechischen Textbild der ältesten Handschriften das Geschlecht nicht klar zu erkennen ist, sodass die Person, von der Paulus schreibt, zur Projektionsfläche für das werden konnte, was eine bestimmte Zeit nicht mehr für möglich hielt: dass eine Frau zu den Aposteln gehörte und unter ihnen sogar eine herausragende Stellung genoss. Heute hingegen ist klar, dass Paulus einen weiten Apostelbegriff hat, der nicht nur die Zwölf umfasst, und dass er Frauen in Führungspositionen schätzt, wie das später nicht mehr möglich schien.

Allerdings ist die Einheitsübersetzung nicht konsequent. Denn zu Beginn des Briefkapitels empfiehlt Paulus eine »Phoebe«, die, so der griechische Text, *diakonos* der Gemeinde von Kenchreä ist (Röm 16,1). Hier schreibt die neue wie die alte Einheitsübersetzung »Dienerin«, auch wenn die meisten heutigen Assoziationen dann eher in Richtung Haushälterin, Pfarrsekretärin oder Küsterin gehen. Es handelt sich aber um eine Leitungsaufgabe. Richtig ist, dass es ein ausgebildetes Weiheamt des Diakonates noch nicht gibt. Aber im Ersten Timotheusbrief ist durchaus von »Diakonen« die Rede (1 Tim 3,8). Immerhin lässt die Fortsetzung in Vers 11 – nach wie vor – offen, ob den Pastoralbriefen zufolge nicht doch auch Frauen das Diakonenamt ausgeübt haben (»Ebenso müssen Frauen ehrbar sein, …«), während die alte wie die neue Lutherbibel hier textwidrig nur an Frauen von Diakonen denken lässt (»ihre Frauen«).

Eine stärkere Veränderung hat es auch beim »Bischof« gegeben, griechisch: *episkopos*, wörtlich: Aufseher. In der Adresse des Philipperbriefes stand früher, dass Paulus die »Heiligen in Christus Jesus, die in Philippi sind, mit ihren Bischöfen und Diakonen« grüßt (Phil 1,1) – wobei die Frage offenbleibt, wie viele Bischöfe und Diakone es bei einer Gesamtgröße der Ortsgemeinde von allenfalls einhundert bis zweihundert Mitgliedern gegeben haben mag. Jetzt wird philologisch exakt und historisch plausibel übersetzt: »mit ihren Vorstehern und Helfern« (während die revidierten evangelischen Ausgaben bei »Bischöfen und Diakonen« bleiben). Eine Anmerkung erläutert präzise den Sachverhalt, dass sich aus den Funktionsbezeichnungen später Amtstitel ergeben haben, die andere Aufgaben bezeichnen. Auch in der Abschiedsrede, die Paulus nach der Apostelgeschichte in Milet hält, werden die aus Ephesus herbeigekommenen Presbyter als »Vorsteher« angeredet und nicht mehr als »Bischöfe« wie früher in der Einheitsübersetzung und heute noch in der revidierten Lutherbibel 2017. Freilich werden Bischöfe nicht aus dem Neuen Testament verbannt. Im Ersten Timotheusbrief ist sogar von einem »Amt« des »Bischofs« (1 Tim 3,1; vgl. Tit 1,7) die Rede, mit einer informativen Anmerkung, die sagt, dass es noch keine klare Unterscheidung zu den Aufgaben der Ältesten (Presbyter) gibt (vgl. 1 Tim 5,17; Tit 1,6–9).

Das jüdisch-christliche Gespräch

Zwischen der ersten und der zweiten Version der Einheitsübersetzung hat das jüdisch-christliche Gespräch Fahrt aufgenommen. In der Revisionsarbeit wird es berücksichtigt – nicht hundertprozentig konsequent, aber mehr als nur im Ansatz. Einerseits wird der spezielle Wert des Alten Testaments im Verhältnis zum Neuen betont, andererseits die jüdische Verwurzelung des Neuen Testaments deutlicher herausgearbeitet. Anhand der Texte wird genauer justiert, wo tatsächlich Konflikte mit führenden Strömungen des in sich vielfältigen Judentums ausgetragen werden, wo aber andererseits durch die Auslegung antijudaistische Töne aufgekommen sind, deren Echo auch in Übersetzungen zu hören ist. Wieder gilt: Was einem an der Bibel nicht gefällt, darf nicht durch eine Übersetzung geschönt werden; aber wo eine Übersetzung die Bibel verdunkelt hat, muss sie geklärt werden.

Christian Frevel (Alttestamentler aus Bochum), bei der Revisionsarbeit für das Buch Numeri zuständig, weist auf eine kleine, aber feine Änderung hin, die an der berühmten Bileam-Prophetie die Israel-Theologie deutlicher macht. Sie ist eine spektakuläre Fremdprophetie, weil der heidnische Seher, vom moabitischen Herrscher für eine Verfluchung der Juden engagiert, tatsächlich vom Segen für Israel spricht. In der alten Einheitsübersetzung hieß es, als Bileam sich erklärte:

»Sieh her, ich habe es übernommen zu segnen;
so muss ich segnen, ich kann's nicht widerrufen«
(Num 23,20 – alte EÜ).

Jetzt aber wird der hebräische Text genau übersetzt:

»Siehe, Segen habe ich empfangen,
er hat gesegnet, ich kann es nicht widerrufen«
(Num 23,20 – neue EÜ).

Also wird Gott selbst als derjenige namhaft gemacht, der Israel segnet, und sei es durch einen heidnischen Propheten. Jeder Magieverdacht wird dadurch im Keim erstickt. Israel wird als gesegnetes Volk Gottes aufgewertet, das Segen spendet.

Im Neuen Testament hat Paulus genau diese Theozentrik betont. Im Römerbrief ist bei der erneuerten Einheitsübersetzung gleichfalls stark gearbeitet worden, um das Verhältnis zwischen Juden und Christen zu klären. Hier wagt Paulus es erstmals (und in dieser Klarheit für das gesamte Neue Testament einmalig), nicht nur an die gemeinsamen Wurzeln von Christentum und Judentum zu erinnern (Röm 9,1–5) und die Hoffnung auf eine gemeinsame Erfüllung im vollendeten Reich Gottes zu hegen (Röm 11,26). Paulus deutet auch die Auseinandersetzungen in der jeweiligen Gegenwart als Kehrseite einer tiefen Verbindung, die der »Eifer für Gott« (Röm 10,2) stiftet, auch wenn um Gottes willen die einen »Ja«, die anderen »Nein« zu Jesus sagen.

Zum einen sind die Überschriften sorgfältig neu formuliert worden, die nicht zum Bibeltext selbst gehören, aber die Leserinnen und Leser lenken. So war früher Rom 9,30 – 10,4 betitelt worden: »Israels falscher Eifer für Gott«; jetzt hingegen heißen die Überschriften (bei etwas anderer Gliederung) »Israel und die Heiden auf der Suche nach Gerechtigkeit«

(zu Röm 9,30–33) und »Das Gebet des Apostels für Israel« (zu Röm 10,1–14) – das in der Rettung ganz Israels (Röm 11,26) erhört werden wird. Paulus erkennt, dass es zwischen dem Erfolg der christlichen Mission bei den Heiden und der Ablehnung bei den meisten Juden einen hintergründigen Zusammenhang geben muss, dem nur Gott selbst Sinn geben kann: den Überfluss seiner Gnade.

Zum anderen ist eine Stelle, die einen jahrhundertelangen Schatten geworfen hat, verbessert worden, sodass der ursprüngliche Sinn, wie er dem Römerbrief buchstäblich zu entnehmen ist, wieder hervortreten kann. Es geht genau um die Dialektik von Gericht und Heil, die nach Paulus für das Evangelium insgesamt typisch ist, für Juden wie für Heiden. In der alten Einheitsübersetzung hieß es, im Blick auf das Nein der meisten Juden zur messianischen Gottessohnschaft Jesu:

> »Wenn schon ihre Verwerfung für die Welt Versöhnung gebracht hat, dann wird ihre Annahme nichts anderes sein als Leben aus dem Tod« (Röm 11,15 – alte EÜ).

Aber Paulus unterstreicht ja in Röm 9–11, dass Gott sein Volk nicht verworfen hat, sondern ihm treu bleibt, auch wenn es seinen Gesandten verwirft. Deshalb muss das griechische Wort *apobole*, das in der alten Lutherbibel gleichfalls mit »Verwerfung« übersetzt worden war, anders, genauer wiedergegeben werden:

> »Wenn schon ihre Zurückweisung für die Welt Versöhnung bedeutet, was wird dann ihre Annahme anderes bedeuten als Leben aus den Toten?«
> (Röm 11,15 – neue EÜ).

Zwischen »Verwerfung« und »Zurückweisung« besteht schon ein großer Unterschied. (Die neue Lutherbibel hat wie die Zürcher Bibel »Verlust« stehen, was aber unverständlich ist.) Man könnte den neu übersetzten Vers nun so deuten, dass Gott die Mehrheit der Juden auf Abstand hält, damit die weltweite Mission Fahrt aufnehmen und auf diese Weise eine weit größere Zahl von Menschen, solange die Zeit währt, zum Glauben an Gott finden können. Dann würde Paulus reflektieren, dass es weniger erfolgversprechend wäre, wenn man erst zum Judentum konvertieren müsste, um dann christlich leben zu können. Aber die neue Übersetzung erlaubt eine kontextkonforme Deutung, die Israel als Subjekt der Zurückweisung betrachtet: Dass die meisten Juden das Evangelium ablehnen, hat zur paradoxalen Folge, dass Heiden es desto leichter annehmen; wenn aber das schon der Fall ist, wird die endgültige Annahme Israels durch Gott (vgl. Röm 11,26) Segen in Fülle bringen. Das ist der paulinische Gedanke im gesamten Gedankengang; jetzt kommt er auch in diesem Vers zum Ausdruck.

Die Veränderung steht nicht allein. In der neuen Einheitsübersetzung wird nicht mehr geschrieben, Christus sei das »Ende« (so die alte Version), sondern das »Ziel des Gesetzes« (Röm 10,4), damit nicht das Missverständnis entstehen kann, durch den Christusglauben werde die Gesetzestreue, die das Judentum auszeichnet, obsolet. »Ende« kann zwar auch »Ziel« heißen – aber dann soll man es auch besser so übersetzen, anders als es die neue Lutherbibel gemacht hat. (Die neue Zürcher Bibel kann sich nicht entscheiden und schreibt: »Ziel und Ende«.) An dieser einen Spitzenstelle wird deutlich, was flächendeckend in der Einheitsübersetzung geschehen ist: eine positive Würdigung des Gesetzes, das zwar nach Paulus nicht Sünder zu rechtfertigen die Aufgabe und Möglichkeit hat, aber durch das Evangelium aufgerichtet (Röm 3,31) und in der Liebe erfüllt wird (Röm 13,8–10 mit Zitat von Lev 19,18).

Die Aufmerksamkeit für einige theologisch sensible Charakteristika der neuen Einheitsübersetzung – der Name Gottes, die Anrede »Brüder und Schwestern«, die erneuerte Israel-Theologie – darf nicht den Eindruck erwecken, die Bibel werde durchlässiger gemacht, weil sie modernen Erfordernissen angepasst werde, nicht zuletzt der Förderung des Religionsfriedens und der Geschlechtergerechtigkeit. Es ist vielmehr umgekehrt so, dass die Sensibilität für die Zeichen der Zeit die Augen neu für den Bibeltext geöffnet und deshalb die Übersetzung verbessert hat.

Die weitaus meisten Veränderungen sind schlicht und ergreifend der Kontrolle am Urtext verdankt, der aussagekräftiger, provozierender, profilierter ist, als die frühere Version der Einheitsübersetzung es hat einfangen können. Damit wird das Vorgängerprojekt nicht desavouiert. Im Gegenteil: Die alte Einheitsübersetzung war, ist und bleibt eine große Leistung katholischer Reformtheologie. Sie brauchte den Vergleich mit der Lutherbibel und anderen Übersetzungen in andere Sprachen nicht zu scheuen. Aber nichts ist so gut, dass es nicht noch besser werden könnte. Die Revision macht nicht *tabula rasa.* Dazu hätte auch kein Grund bestanden. Die wesentlichen Merkmale der Einheitsübersetzung – Wörtlichkeit, Verständlichkeit, Kirchlichkeit – bleiben erhalten. Sehr viele Verse sind im Sinne des Revisionsauftrages verändert worden – immer moderat und so, dass genau das, was ursprünglich schon textgetreu und sinnerschließend angebahnt werden sollte, nun etwas genauer, etwas prägnanter, etwas biblischer übersetzt worden ist.

Freilich wird auch die neue Einheitsübersetzung Kritik ernten. Das ist zu einem guten Teil auch der Sinn einer jeden Übersetzung: Der lebendige Text soll eine lebendige Debatte auslösen, die der Wahrnehmung dessen dient, was Gottes Wort heute sagt. Einige Schwachpunkte der neuen Einheitsübersetzung erklären sich daraus, dass die vielen Bearbeiterinnen und Bearbeiter – was gewünscht war – ihre eigenen Vorstellungen entwickelt haben, die aber untereinander nicht hinreichend abgestimmt waren und vom Lenkungsausschuss trotz der Unterstützung durch die (personell bescheiden ausgestattete) bischöfliche Arbeitsstelle nicht so kohärent koordiniert worden sind, dass die Quantität und Qualität der Korrekturen gleichmäßig verteilt wären. Manches, das verändert oder nicht verändert wurde, blieb zufällig. Anderes stand und steht einfach im üblichen Streit der Meinungen. Nach wie vor ist es nicht gelungen, die unterschiedlichen Stile der verschiedenen biblischen Bücher in dieser Unterschiedlichkeit abzubilden. Das hätte stärkere Eingriffe erfordert und nicht dem Revisionsauftrag entsprochen, der nur moderate Veränderungen vorgesehen hat. Systematische Übersetzungsfehler lassen sich nicht finden. Zeitbedingtes wird man erst im Rückblick erkennen. Größere Konsequenz in der Anwendung der Kriterien, insbesondere größere Wörtlichkeit, höhere Übereinstimmung bei Parallelen und deutlichere Unterscheidungen bei verschiedenen Sprachrhythmen hätten gutgetan.

Die Übersetzung ist und war nie mehr als eine Hilfe zum besseren Verstehen der Bibel und durch sie zur größeren Achtsamkeit auf die Zeichen Gottes im eigenen Leben wie im Leben der anderen. Auch die revidierte Einheitsübersetzung ist nicht sakrosankt. Aber sie wird ihren Zweck erfüllen. Die alte Version ist nicht verboten. Man braucht die gebrauchten Bibeln auch nicht wegzuwerfen, was ohnedies keine gute Idee wäre. Aber es ist eine gute Idee, die neue Einheitsübersetzung anzuschauen. Es wird aber Zeit, dass auch die Lektionare und die Stundenbücher den neuen Text übernehmen. Es muss geschaut werden, wie die Bibel in den neuen Medien unters Volk gebracht werden kann. Die neue Einheitsübersetzung hat es verdient, so gut aufgenommen und verbreitet zu werden, wie es der ersten Version vergönnt war. Vielleicht sind die Zeiten schwieriger, die Bibelübersetzung ist aber gewiss nicht schlechter geworden.

Der Rahmen

Die neue Einheitsübersetzung ist ein weiteres Zeichen dafür, wie stark das Christentum auf die Wiedergabe der Heiligen Schriften in möglichst allen Muttersprachen dieser Welt setzt. Das ist nicht bei allen Heiligen Büchern der Weltreligionen der Fall. Beim Koran gibt es immer wieder kritische Stimmen, weil das – der Überlieferung nach – göttliche Arabisch nicht ohne schwere Bedeutungsverluste in andere Sprachen übertragen werden könne; deshalb gibt es Konservative, die gegen Übersetzungen des Koran sind, wiewohl es an ihnen nicht fehlt. Das Judentum hat das erste große Übersetzungsprojekt der Weltgeschichte initiiert, die Übertragung der Hebräischen Bibel ins Griechische, die sogenannte Septuaginta[21]. Diese Übersetzung war notwendig, weil die meisten Juden im 2. und 3. Jahrhundert vor Christus nicht in Palästina, sondern in der Diaspora lebten und nicht Hebräisch konnten, wohl aber Griechisch. In einer Legende wird erzählt, dass der Herrscher von Ägypten eigens 70 Gelehrte aus Jerusalem nach Alexandria berufen habe, damit sie für die weltberühmte Bibliothek dort das wichtigste Buch der Welt, die Bibel, übersetzen. Für die Christen, schon im Neuen Testament, ist die Septuaginta ein wichtiger Bezugstext. Aber nach der Zerstörung des Tempels haben sich die Rabbinen stark auf die Hebräische Bibel konzentriert, ohne jedoch Übersetzungen zu verdammen.

Dem Christentum hingegen ist die Freude an der Übersetzung in die Wiege gelegt. Beim Pfingstfest kommt der Geist, wie von Jesus verheißen, auf die Jünger herab, sodass sie sich den Juden, die aus aller Herren Länder herbeigeströmt sind, in deren eigenen Sprachen verständlich machen können:

> »Alle wurden vom Heiligen Geist erfüllt und begannen, in anderen Sprachen zu reden, wie es der Geist ihnen ein gab« (Apg 2,4 – neue EÜ).

So kann von den Anwesenden, die aus der ganzen (damals bekannten) Welt kommen, festgestellt werden:

> »Wir hören sie in unseren Sprachen Gottes große Taten verkünden« (Apg 2,9 – neue EÜ).

Danach gibt es keine Sprachen erster und zweiter Klasse. Während der Turmbau zu Babel Verwirrung durch die Vielfalt von Sprachen bewirkte (Gen 11), dient die Gabe des Geistes in Jerusalem dazu, durch die Vielfalt der Sprachen die Möglichkeiten der Verständigung zu vergrößern. Ob auf Hebräisch oder Lateinisch, auf Griechisch oder Persisch, auf Arabisch oder Ägyptisch (heute wäre zu ergänzen: ob auf Deutsch oder Kisuaheli, auf Mandarin, Polnisch, Spanisch, Englisch, Xhosa oder Thai) – in all diesen Sprachen lässt sich ohne Bedeutungsverlust Gottes Wort verkünden und verstehen. Deshalb lässt sich auch die Bibel in alle Weltsprachen, in alle Dialekte übersetzen. Die Originalsprachen sind nur dazu da, die Übersetzungen zu kontrollieren und zu korrigieren, so wie jetzt bei der Einheitsübersetzung geschehen.

4. Wie kann die Bibel übersetzt werden? *Dem Volk aufs Maul sehen, aber nicht nach dem Munde reden*

Das Übersetzen ist eine Kunst. Die Skepsis, ob sie gelingt, ist groß. »*Traduttore, traditore*«, lautet ein lateinisch-italienisches Sprichwort: Jeder Übersetzer ist ein Übertreter, jeder Vermittler ein Verräter. Tatsächlich ist das Risiko der Übersetzung groß, die Verantwortung auch. Wer das Original nicht lesen kann, ist von einer guten Übersetzung abhängig. Desto gewissenhafter muss sie erstellt werden. Im Fall der Bibel ist dies wichtiger als bei nahezu jedem anderen Buch, weil Grundfragen des Glaubens davon abhängen, die Entscheidungen über Krieg und Frieden berühren.[22]

Jede Übersetzung ist Interpretation. Es gibt keine zwei Sprachen dieser Welt, in denen Wortschatz und Grammatik deckungsgleich wären. Zwischen dem Hebräischen einerseits und dem Griechischen, dem Lateinischen und allen von ihnen stark beeinflussten Sprachen (wie dem Deutschen) andererseits bestehen tief greifende Differenzen im Tempussystem, im Satzbau, im Sprachstil, von den Bedeutungsräumen zentraler Worte ganz zu schweigen. Selbst das Griechische und das Lateinische stimmen weder in den Zeiten, in den Fällen und den Genera noch in den Artikeln und Präpositionen überein. Die Differenzen können weder negiert noch kaschiert, sie müssen vielmehr für eine kreative Übersetzung genutzt werden, die nicht am Buchstaben des Ausgangstextes klebt, aber ihm treu bleibt.

Das deutsche Wort »Übersetzen« ist ein schönes Bild. Es verweist auf einen Fährmann, der Menschen, Tiere und Sachen auf einem Boot von einem Ufer zum anderen transportiert. Der heilige Christophorus ist der Schutzpatron aller Übersetzer. Auf dem Weg über den Fluss, den Strom oder den See darf niemand zu Schaden kommen, auch wenn das Wasser ein gefährliches Element ist und Stromschnellen, Untiefen und Strudel als Gefahren lauern. Ohne den Übersetzer käme man aber nicht trockenen Fußes vom einen zum anderen Ufer.

Das gilt auch für Texte, die von einer in die andere Sprache übertragen werden müssen. Für eine stabile Brücke ist die Entfernung meistens zu weit, zumal wenn es gilt, ein altes Buch, wie die Bibel es ist, in die Gegenwart zu transportieren. So bedarf es des Übersetzens. Auf dem Weg passiert viel. Auf der anderen Seite darf kein anderer Text entstanden sein, es muss derselbe sein, der dort wahrgenommen und angenommen werden kann; aber er muss sich grundlegend verändert haben, wenn er nicht unverständlich werden soll – so wie Menschen auf einer Überfahrt sich verändern müssen, um sie selbst zu bleiben und am anderen Ufer ihren Weg fortsetzen zu können.

Das Wort eines Übersetzers in der Bibel

In der Bibel selbst kommt an einer Stelle die Übersetzungsfrage auf die Tagesordnung. Denn im (christlichen) Kanon des Alten Testaments wird das Buch Jesus Sirach explizit als Übersetzung ausgewiesen. Der Enkel des großen Weisheitslehrers zeichnet für sie verantwortlich. Er weiß, dass er kein Schlechter ist und dass er sich viel Mühe gemacht hat:

> »Viele schlaflose Nächte und Sachkenntnis bot ich in der Zwischenzeit auf, um das Buch zu vollenden und herauszugeben auch für solche, die in der Fremde Gelehrte sein wollen, um ihre Haltung dafür zu bereiten, gesetzestreu zu leben« (Sir Prolog – neue EÜ).

Das Ziel der Übersetzung wird klar definiert: Menschen, die der hebräischen Originalsprache nicht mächtig sind, sollen dennoch in die Lage versetzt werden, gesetzestreu, also jüdisch zu leben. Deshalb brauchen sie eine gute Wiedergabe in ihrer (griechischen) Muttersprache. Das Weisheitsbuch ist ein Wegweiser für ein Leben nach der Tora. Wenn es gut übersetzt wird, können alle, die es lesen, Wesentliches lernen und das Gelernte umsetzen.

Freilich hat der Enkel vorher ausdrücklich auf die Grenzen seines Unterfangens hingewiesen und alle, die seine Übersetzung studieren, um Nachsicht gebeten.

> »Ihr seid nun aufgefordert, mit Wohlwollen und Aufmerksamkeit das Lesen zu betreiben und Nachsicht zu üben, wo wir den Anschein erwecken, bei der Übersetzung einigen Formulierungen, um die wir uns mit Hingabe bemüht haben, nicht zu entsprechen« (Sir Prolog – neue EÜ).

Weil die Übersetzung nicht schlecht geworden sei, verdiene sie Wohlwollen und verlange sie Aufmerksamkeit; sie schaffe Orientierung. Aber dass dem Original eine einzigartige Bedeutung zukommt, die größte Sorgfalt bei der Wiedergabe in einer anderen Sprache erfordert, kommt in der Übersetzung selbst klar zum Ausdruck. An der ursprünglichen Sprache muss sich jede Übersetzung messen lassen – nicht nur im Prozess der Übertragung selbst, sondern auch im Fluss des Lesens. Dieser Vorgang ist nicht mit der Entstehung der griechischen Version abgeschlossen. Der Blick ins Original bleibt unentbehrlich. Deshalb gehört zum Studium der Theologie das Erlernen der Alten Sprachen, und zu den Informationspflichten der Exegese wie der Bibelpastoral gehört es, auf Abweichungen, Unklarheiten und Alternativen im Übersetzungsprozess hinzuweisen.

Freilich geht der Enkel noch weiter. Es ist ein Ausdruck selbstbewusster Bescheidenheit, wenn er zwischen Original und Kopie unterscheidet:

> »Denn es hat nicht die gleiche Kraft, wenn etwas ursprünglich in Hebräisch ausgedrückt wird oder wenn es in eine fremde Sprache übertragen wurde. Aber nicht nur dies, sondern auch das Gesetz und die Prophetenworte und die übrigen Schriften weisen keinen geringen Unterschied auf, wenn sie in ihren Ursprachen gelesen werden« (Sir Prolog – neue EÜ).

Der Prolog bezieht sich nicht nur auf das Buch des Jesus Sirach, das im Judentum hoch geschätzt, aber nicht kanonisiert wurde, sondern auch auf die Tora, die Propheten und die Weisheitsschriften, also die jüdische Bibel insgesamt. Das Hebräische ist der Maßstab. Deshalb muss jede Übersetzung immer wieder neu hier ansetzen. Ähnliches gilt für das Griechische des Neuen Testaments und einiger Schriften des christlichen Alten Testaments.

Mit dem Prolog zu Jesus Sirach werden für jede Übersetzung der Bibel in der Bibel selbst Maßstäbe gesetzt – und für den Umgang mit ihnen: Sie verdienen, wenn sie gut gemacht sind, Vertrauen; aber sie sollen nicht unkritisch gelesen werden, sondern aufmerksam für das, was der genuine Sinn des Bibeltextes ist. Wer dann eine bessere Übersetzung findet, soll sich nicht scheuen, sie zur Diskussion zu stellen.

Die Übersetzung der Bibel in der Kirche

Alle deutschen Bibelübersetzungen seit der Reformation sind durch Martin Luther inspiriert.[23] Seine Verdeutschung war zwar bei Weitem nicht die erste, aber zu ihrer Zeit die beste, mit einer nachhaltigen Wirkung bis in die Gegenwart hinein und weit über die Konfessionsgrenzen hinaus.[24]

Luthers Votum

Martin Luther hat 1530 in seinem »Sendbrief vom Dolmetschen« seinen eigenen Zugang beschrieben.[25] Sprichwörtlich ist seine Kernaussage geworden:

> »Man muss nicht die Buchstaben in der lateinischen Sprache fragen, wie man soll Deutsch reden, wie diese Esel tun, sondern man muss die Mutter im Hause, die Kinder auf der Gassen, den gemeinen Mann auf dem Markt drum fragen und denselbigen auf das Maul sehen, wie sie reden, und darnach dolmetschen; da verstehen sie es denn und merken, daß man deutsch mit ihnen redet.«

Demnach ist Verständlichkeit ein entscheidendes Kriterium für die Güte einer Übersetzung. Die Bibel muss ein Volksbuch werden können, so wie sie ursprünglich gedacht war. Im Neuen Testament wird nicht das klassische Griechisch der archaischen Zeit geschrieben, sondern die »Koine«, die Sprache der einfachen Leute. Auf diesem Sprachniveau bewegt sich auch die Septuaginta, die griechische Übersetzung der Biblia Hebraica. Die Vulgata (vom Lateinischen vulgo – gemeinsam), die dem heiligen Hieronymus[26] zugeschrieben wird, heißt so, weil sie für das Volk gedacht gewesen ist. Der heilige Augustinus beschreibt in seiner Biografie, wie ihn der ungehobelte Stil der Bibel (die er nur auf Lateinisch lesen konnte) zunächst abgeschreckt habe, die Worte ernst zu nehmen, bis er den entscheidenden Fingerzeig bekommen hatte, die Schlichtheit des Ausdrucks auf die Tiefe der Bedeutung zurückzuführen.[27] Jede Übersetzung muss an dieser Charakteristik der Bibel Maß nehmen.

Die Deutlichkeit und Klarheit, die von jeder Wiedergabe verlangt werden kann, hat zwei Seiten.

Zum einen: Für Fachbegriffe aus allen möglichen Berufssparten, für Wegbeschreibungen, für liturgische Geräte, für Tiere und Pflanzen, für Gebäudeeinrichtungen, für geschichtliche Ereignisse und menschliche Emotionen – für all das gilt es, mit gutem historischem Wissen den treffenden Ausdruck so zu finden, dass er heute gut verstanden werden kann. Diesen Ausdruck findet man nicht schon in der Schatzkammer der Theologie, sondern in den Handbüchern der Ökonomie und der Ökologie, in den Lexika der Geschichtswissenschaft und der Architektur, in den Manualen der Gold- und Silberschmiedekunst, in philosophischen Betrachtungen zu Affekten, in alten Reiseberichten – und in der Sprache der Literatur, in Witzen und Sprichwörtern, nicht zuletzt in der Alltagsweisheit. Wem es an historischem Interesse, an Faktenwissen und an Sprachgefühl mangelt, sollte sich nicht ans Übersetzen machen.

Zum anderen: Durch die Suche nach einer verständlichen Sprache wird das Verständnis der Bibel nicht erleichtert. Eher wird es erschwert, weil klar wird, worum es in der Heiligen Schrift geht und dass die eigentliche Aufgabe des Verstehens nicht die Identifizierung dessen ist, was in der Vergangenheit einmal gesagt worden ist, sondern die Wahrnehmung dessen, was heute gehört, gesagt und getan werden muss. Das aber ist die genuine Intention der Bibel: die Liebe zu Gott und zum Nächsten zu fördern, zur Umkehr und zum Glauben zu bewegen, die eigene Lebensgeschichte in die große Liebesgeschichte Gottes mit den Menschen einzuzeichnen und alles fahren zu lassen, was den Glauben, die Hoffnung und die Liebe stört.

Katholische Standards

Was Luther in seinem »Sendbrief« über die Kunst des Übersetzens schreibt, ist gut begründet. Aber es findet auch intelligente Kritik. Erik Peterson, zur katholischen Kirche konvertiert, einer der besten Exegeten und Kirchengeschichtlicher seiner Zeit, wirft Luther 1933 in einer hellsichtigen Kritik des deutschen Protestantismus und seiner nationalistischen Versuchungen vor, dem Volk aufs Maul geschaut, aber zu wenig auf die Feuerzungen geachtet zu haben, die zu Pfingsten auf die Jünger herabgekommen seien.[28] Ob die Kritik trifft, darf bezweifelt werden, auch wenn Luthers Sendbrief, in einer Haltung der Verteidigung geschrieben, wenig von der Spiritualität der Bibel handelt und gar nicht von der Gegenwart des Wortes Gottes in anderen Sprachen dieser Welt. Die Begründung seiner Kritik, die Peterson vorträgt, ist aber treffend:

> »Als die Apostel zu Pfingsten mit dem Heiligen Geist begabt wurden, waren ›feurige Zungen‹ an ihnen sichtbar. Das will sagen: Das Problem der Sprache und der sprachlichen Mitteilung wurde damals vom Heiligen Geist her gelöst. ›Wort Gottes‹ im christlichen Sinn ist nicht etwas, was in der Sprache eines Volkes gefunden werden kann, sondern was in die Sprache von oben hineingesenkt wird, was Gott sozusagen gegen die Sprache eines Volks in die Sprache hineingesprochen hat.«

Ob Luther dem wirklich widersprochen hätte? Peterson versucht mit diesem Argument das damalige Verbot der katholischen Kirche zu rechtfertigen, Lutherbibeln zu lesen. Damit verkauft er sein Argument unter Wert. Aber in jeder Übersetzung muss deutlich werden, dass Gottes Wort nur deshalb allen Menschen ganz nahegehen kann, weil es von weit her kommt: von oben, aus dem Himmel, als Wort von

Feuer, das im Herzen brennt, wie die Emmaus-Jünger – im Nachhinein – erkennen (Lk 24,32).

Zu den katholischen Standards jeder guten Bibelübersetzung gehört, dem Volk nicht nach dem Munde zu reden. Dem wird von evangelischer Seite nicht widersprochen werden. Allerdings sieht es die katholische Kirche als ihre besondere Aufgabe an, die Sprache einer bestimmten Nation nicht nur für sich selbst zu betrachten, sondern mit den anderen Sprachen dieser Welt zu verbinden. Das führt zwar heute zum Verfahren der römischen »Rekognoszierung«, einer offiziellen Anerkennung jeder einzelnen Bibelübersetzung. Das bürokratische Vorgehen ist nicht immer hell erleuchtet. Aber es wehrt einer nationalen Isolierung, wie es bei den Deutschen Christen in der Nazizeit leider Gottes der Fall gewesen ist, gegen den Widerstand aufrechter Lutheraner, die den Reformator auf ihrer Seite wussten.

Positiv gehört zu den katholischen Standards die Kirchlichkeit jeder Bibelübersetzung. Auch das braucht auf evangelischer Seite nicht in Abrede gestellt zu werden. Aber dass die Verbindung von Bibel und Kirche ein besonders katholisches Anliegen ist, lässt sich nicht leugnen. Es ist in der Bibel selbst begründet. Denn sie ist im Schoß des Gottesvolkes entstanden. Das Alte Testament ist von der Urkirche stark mitgeformt worden, auch wenn die weitaus meisten Textpartien im zeitgenössischen Judentum feststanden und so von den frühesten Gemeinden übernommen worden sind; die neutestamentlichen Schriften sind für den Aufbau der jungen Kirche entstanden, die Evangelien so gut wie die Apostelgeschichte, die Briefe und die Johannesoffenbarung. Die Kirchlichkeit ist deshalb keine Fremdbestimmung, sondern eine Selbstbestimmung der Bibel.

Freilich muss die Kirchlichkeit genau reflektiert werden. Denn im Christentum und im Katholizismus lauern zwei

Gefahren: erstens, dass die Theologie über das Judentum hinweggeht, und zweitens, dass die Definitionsmacht der Kirche, speziell des Lehramts, stärker als die Orientierung der Kirche an der Schrift betont wird, die jede Tradition kritisiert. Beide Gefahren lassen sich nicht ohne eine genaue Lektüre der Bibel selbst bekämpfen.

Einerseits wird schon in der Unterscheidung zwischen dem Alten und dem Neuen Testament die Geschichtlichkeit markiert, die sowohl die Verkündigung als auch das Verständnis des Wortes Gottes auszeichnet. So wenig die Kirche nach christlichem Verständnis erst durch Jesus gegründet wurde, so sehr sie sich vielmehr mit Jesus auf Abraham und Abel, ja auf Adam und Eva zurückführt, so wenig verkennt doch das Neue Testament, dass von Anfang an mit Vertretern starker Strömungen im Judentum erhebliche Interpretationskonflikte um das rechte Verständnis der Heiligen Schriften Israels ausgetragen werden, die Auslegungsalternativen offenlegen. Nach Jahrhunderten theologischer Rechthaberei ist es eine Frucht des jüdisch-christlichen Dialoges[29], die Unterschiede zwischen der jüdischen und der christlichen Exegese als Hilfe zum besseren Verstehen der Bibel in der Kirche zu nutzen und weder das Alte Testament einseitig nur vom Neuen noch das Neue Testament einseitig nur vom Alten Testament her zu verstehen, sondern beide Testamente durch aktive Auslegung, zu der auch die Übersetzung gehört, in ein Gespräch zu verwickeln, das aus dem Hören auf Gottes Wort stammt und auf die weitere Verkündigung des Wortes Gottes zielt.

Andererseits gilt für die katholische Kirche insgesamt, besonders aber in Sachen Schriftauslegung: Erst lernen, dann lehren. Weil die Bibel der »Kanon«, die Richtschnur kirchlichen Lebens und Lehrens ist, muss sich auch das Lehramt der Kirche zentral auf die Heilige Schrift beziehen, nämlich sich an ihr messen lassen und ihrem besseren Verständnis dienen. Das ausgehende 19. und beginnende 20. Jahrhundert war demgegenüber von Übergriffen des Lehramtes geprägt, das die Freiheit der katholischen Forschung beschränkte, weil es der Wahrheit des Glaubens dienen wollte. Spätestens mit dem Zweiten Vatikanischen Konzil ist dieses Missverständnis beendet worden.[30] Seitdem sind die Rollen klar verteilt: Für die Forschung ist die Theologie, namentlich die Exegese, zuständig, für die kirchliche Lehre aber sind es die Bischöfe und alle, die sie mit ihrer Arbeit als Priester, als Diakone, als Theologinnen und Theologen unterstützen. Bei dieser Lehre geht es nicht nur um dogmatische Definitionen, sondern, viel wichtiger, um starke Anstöße (etwa zu einem »Jahr der Barmherzigkeit« 2016), um echten Trost (etwa in den Verfolgungen der Christen im Nahen Osten und für die Vertriebenen hierzulande) und um die großen Reformen (etwa die neuen Dienste der Kirche). In all diesen Fragen hat sich bislang die Bibel immer als die stärkste Inspirationsquelle erwiesen; in Zukunft wird das kaum anders sein.

Die Einheitsübersetzung als katholische Bibel

Die Einheitsübersetzung ist eine katholische Bibel. Sie ist es nicht so sehr im konfessionellen Sinn, obgleich die EKD ihre Mitarbeit aufgekündigt hat. Sie ist es im Sinn einer bewussten Kirchlichkeit, die den deutschen Sprachraum mit der Weltkirche vernetzt, um so die Kirche vor Ort zu stärken; sie ist es auch in dem Sinn, dass sie die Beziehung zu den Juden fördert, ohne den christlichen Standpunkt zu verleugnen, wie es auch das Bemühen der evangelischen Kirchen in ihren neuen Bibelübersetzungen ist.

Dass die Herausgeberschaft bei den Bischofskonferenzen liegt und »Rom« grünes Licht für die Übersetzung gegeben hat, ist nur ein äußeres Zeichen für die Kirchlichkeit der Einheitsübersetzung. Im Vorwort der neuen Einheitsübersetzung steht:

> »Die Bibel hat für die ganze Kirche grundlegende Bedeutung. Sie wird im Gottesdienst als ›Wort des lebendigen Gottes‹ verkündet. Sie ist Richtschnur für die kirchliche Lehre. Sie ist ein starker Antrieb für die Praxis der Nächstenliebe. Viele Menschen schöpfen Kraft aus dem Lesen der Heiligen Schrift. Viele nehmen die Bibel zur Hand, um in besonderen Zeiten eine gute Entscheidung zu treffen.«

Hier wird ohne dogmatische Festlegungen beschrieben, wie die Bibel als Kanon, das heißt: als Richtschnur der Kirche gelesen werden kann und soll. Sie ist nicht das große Verbotsschild, das die Menschen in ihrer Entfaltungskraft einschränkt; sie ist vielmehr ein Wegweiser in das Land der Freiheit und das Haus des Glaubens. Sie kritisiert Überheblichkeit und stimuliert Gottes- wie Nächstenliebe. Wer die Bibel liest, und sei es im stillen Kämmerlein, vereinsamt nicht, sondern ordnet sich in die große Lesegemeinde ein, die zur Bibel von Anfang an gehört.

Die revidierte Einheitsübersetzung ist als katholische Bibel auch eine Zeugin des jüdisch-christlichen Gespräches. Aus der alten Einheitsübersetzung wird die Praxis übernommen, die Zitate aus dem Alten im Neuen Testament durch Kursivdruck zu kennzeichnen. Dadurch wird deutlich, an wie vielen Stellen sich das Urchristentum auf die Bibel Israels bezieht und dass diese Schriftverweise nicht ornamentalen, sondern fundamentalen Charakter haben. Es gibt kaum eine Seite in der Einheitsübersetzung, in der nicht mehrere solche Signale zu finden wären. Da die eingespielten alttestamentlichen Stellen immer direkt im Anschluss an eine Perikope genau ausgewiesen werden, können alle Interessierten unmittelbar nachprüfen, welcher Aspekt der Heiligen Schrift Israels aufgegriffen und welcher vielleicht weniger beachtet worden ist, ohne dass deshalb der erste Teil der Bibel zusammengestrichen worden wäre. Man wird dann das klare theologische Interesse der frühen Gemeinden erkennen, Jesus in die Spur der Hoffnung Israels einzuzeichnen, aber auch ihren Anspruch, sich mit Jesus dem Zeugnis der Schrift und damit auch dem Dialog mit dem Judentum stellen zu können, das sich in seiner großen Mehrheit nicht zu Jesus als Messias bekennt. Viele Einführungen, Zwischenüberschriften und Anmerkungen dienen dazu, die Augen für die dialogische Linienführung des Neuen Testaments zu öffnen und den Irrweg eines christlichen (in wahrhaft unchristlichen) Antijudaismus zu markieren. Sie biegen nicht die christliche Bibel so hin, dass sie ihr Eigenleben verliert, selbst wenn sie die Stacheln ausfährt; aber sie achten darauf, dass sie nicht Antisemiten in die Hände fallen kann, die sie als Waffe benutzen wollen. So wird in der Einführung zu den fünf Büchern Mose informiert, dass die Tora nicht nur für das Judentum, sondern auch das Christentum grundlegende Bedeutung hat und dass die Kompositionsprinzipien der jüdischen und der christlichen Bibel aus theologischen Gründen, die man einander gut erklären kann, voneinander abweichen. In der Einführung zum Römerbrief steht, dass Paulus sich auf den Vorwurf beziehe, seine Heidenmission mache Israel vergessen:

> »Demgegenüber zeigt er, dass Gottes Verheißung für Israel durch das Nein vieler Juden zum Evangelium nicht hinfällig geworden ist, sondern sich über den Umweg der weltweiten Heidenmission in der Rettung ganz Israels durch den wiederkommenden Messias Jesus bewahrheiten wird.«

Die verschwurbelte Diskussion über die angebliche Notwendigkeit einer christlichen Judenmission kann mit einem Schlag aufhören, wenn man dieser Klarstellung folgt, die einfach den Paulustext zu ihrem Recht kommen lässt.

Die revidierte Einheitsübersetzung zeigt beispielhaft, was katholisch ist: eine Offenheit für das Christentum auf der ganzen Welt, das nicht durch Konfessionsgrenzen eingepfercht wird; eine Zugehörigkeit zur Kirche, die nicht stumm vor dem Papst und den Bischöfen in die Knie sinken lässt, sondern gemeinsam auf Gottes Wort lauscht; eine Verankerung des Evangeliums vor Ort, jenseits von Nationalismus und Provinzialismus, in Freundschaft mit den Juden, die ihren eigenen Weg zu Gott gehen.

5. Welche Bibelübersetzungen gibt es? *Frei und wörtlich: Die Einheitsübersetzung liegt in der Mitte*

An Bibelübersetzungen ist kein Mangel, Gott sei Dank. In mehr als 500 Sprachen ist die komplette Bibel übersetzt worden, in knapp 3000 Sprachen liegen Teilübersetzungen vor. Deutsch ist nur eine dieser Sprachen. Aber auch an deutschsprachigen Bibeln herrscht kein Mangel.[31] Einige sind sehr frei, andere sehr wörtlich. Einige sind private Initiativen, andere in kirchlichem Auftrag entstanden.

Übersetzungstypen

In der Übersetzungswissenschaft[32] gibt es heiße Debatten darüber, welcher Typ vorzuziehen sei. Eine ganz eigene Gattung sind Kinderbibeln; sie boomen wie keine zweite, bedürfen aber einer eigenen Betrachtung, weil sie immer Auswahlbibeln sind, zuweilen freie Nachdichtungen, zuweilen Paraphrasen, aber kaum einmal nahe an den Urtexten sind.[33]

Die strengste Version ist eine Interlinearübersetzung. Hier wird in einer Zeile unter dem Originaltext Wort für Wort die lexikalische Entsprechung geschrieben, ohne Rücksicht auf die Grammatik und den Satzbau der Zielsprache. Die ältesten Zeugnisse des Deutschen sind solche Interlinearversionen, entstanden in Klosterschulen. Auch heute gibt es zuverlässige Ausgaben, die vor allem für das Studium eine Hilfe sein können.[34]

Neben ihnen stehen Bibelübersetzungen, die sehr wortgetreu sind: Sie geben, wenn irgend möglich, dieselben Wörter der biblischen Ausgangssprache mit immer denselben deutschen Wörtern wieder; sie ahmen genauestens die biblische Schreibweise von Namen und Orten nach; sie folgen exakt dem Satzbau des hebräischen, aramäischen oder griechischen Ausgangstextes, auch wenn die deutsche Sprachmelodie etwas anderes anraten ließe.[35]

Auf der anderen Seite stehen freie Übersetzungen, die es sich herausnehmen, den Wortlaut und die Syntax der biblischen Originaltexte etwas weiter in den Hintergrund treten zu lassen, um dadurch desto sicherer in einer neuen Situation den Effekt zu erzielen, den die Texte ursprünglich erzielen wollten[36]. Die »Gute Nachricht« steht für diesen Typ, mit einem besonderen Interesse an der Jugendsprache[37]. Vor allem aber werden im freikirchlichen Bereich solche Übersetzungen geschätzt, die einen möglichst barrierefreien Zugang zur Bibel erlauben und recht viel in der Wiedergabe selbst erklären, aber sich theologisch nichts vergeben wollen.[38] Bei professionellen Übersetzerinnen und Übersetzern ist dieser Typ am beliebtesten, weil er die meisten Freiheiten einzuräumen scheint. Aber die größere Kreativität wird dort gefordert, wo philologische Strenge sich mit theologischer Verantwortung und kommunikativer Erschließung verbindet.

Die Einheitsübersetzung steht in der Mitte. Sie orientiert sich am Urtext; aber sie setzt auf Verständlichkeit. Sie spricht auch in der Revision »gehobenes Gegenwartsdeutsch«, aber sie lässt den unvergleichlichen Sound der Bibel hören. Sie ersetzt nicht den Urtext, lässt sich aber an ihm gut überprüfen. Sie unterscheidet sich von solchen Bibeln, die spezifische Gruppeninteressen bedienen wollen (wie die »Bibel in gerechter Sprache«[39], die sich dem Feminismus verschrieben hat), weil sie katholisch ist, also für alle da sein will.

Kirchliche und private Übersetzungen

Die Einheitsübersetzung ist eine kirchliche Übersetzung. Als solche steht sie nicht in Konkurrenz zu den Übersetzungen von Einzelpersönlichkeiten. Das Deutsche ist reich an solchen Übersetzungen, besonders im 20. Jahrhundert und in der Gegenwart. Eine einzigartige Qualität hat die Übertragung der Tora durch Franz Rosenzweig und Martin Buber; von 1954 bis 1962 entstanden, verschreibt sie sich nach der Shoa der Aufgabe, die deutsche Seele den Geist der hebräischen Sprache einatmen zu lassen, und entwickelt auf diese Weise eine ganz eigentümliche, durch den Existenzialismus stimulierte Sprachkraft.[40] Im Neuen Testament folgt ihr mit einem ähnlichen Duktus Fridolin Stier, der auch an der Einheitsübersetzung mitgearbeitet hat.[41] Beide Übersetzungen sind Sprachereignisse, die sich für das persönliche Schriftstudium bestens eignen, für Exerzitien und Mediationen, aber nicht ebenso für eine öffentliche Verlesung in der Kirche und für die Arbeit mit Schulkindern. Im Neuen Testament hat Ulrich Wilckens eine kommentierte Übersetzung vorgelegt, die exegetisch fundiert und ausgesprochen erhellend ist, bis in den Sprachduktus hinein, der viele Erklärungsmomente in die Übertragung integriert.[42] Einen anderen Weg gehen Klaus Berger und Christiane Nord: Sie lösen die kanonische Ordnung auf und bieten neutestamentliche wie apokryphe Texte in der von ihnen angenommenen (hoch strittigen) Chronologie mit einer stark interpretierenden Übersetzung.[43] Diese Initiativen sind wichtig. Sie sind das Salz in der Suppe. Sie verhindern Monopolstellungen und schaffen Alternativen. Aber sie haben nicht die kirchlichen Dimensionen wie die Einheitsübersetzung, wiewohl alle katholischen Übersetzungen nur mit Imprimatur, mit kirchlicher Druckerlaubnis, erscheinen dürfen.

Drei deutsche Bibeln sind von ihrer Entstehung und ihrer Absicht her kirchliche Übersetzungen. Neben der Einheitsübersetzung, die im katholischen Bereich Standard ist, gilt dies für die Lutherbibel, die für das deutsche Luthertum vorgesehen ist, aber weit darüber hinaus in den evangelischen Raum ausstrahlt, und für die Zürcher Bibel[44], die einen reformierten Hintergrund hat, aber auch von anderen evangelischen Gruppen als kirchliche Übersetzung geschätzt wird. Daneben kann nur noch die Elberfelder Bibel[45] gestellt werden, die einen freikirchlichen Hintergrund hat.

Alle kirchlichen Bibelübersetzungen sind für den Gebrauch im Gottesdienst, in der Katechese und im Unterricht gedacht, aber auch in Bibelkreisen und für das private Studium. Alle sind von der wissenschaftlichen Theologie erstellt und geprüft worden. Alle zeigen konfessionelle Charakteristika, alle sind aber nicht entstanden, um die Schotten abzudichten, sondern um von den eigenen Traditionen aus auch anderen einen Zugang zur Heiligen Schrift zu öffnen.

An zwei Punkten werden die theologischen Profile der kirchlichen Übersetzungen besonders gut messbar: an der Rechtfertigungslehre und an der Übersetzung des Wortes *ekklesia*. Beide Punkte werden vor allem im Neuen Testament markiert, betreffen aber auch das Alte; beide sind für die evangelisch-katholische Ökumene von entscheidender Bedeutung.

Rechtfertigung und Glaube

Für die Geschichte der westlichen Kirche ist die Rechtfertigungstheologie, die der Apostel Paulus ausformuliert hat, charakteristisch geworden. In der Reformation hat sie eine überragende Bedeutung gewonnen, freilich auch, so wie sie damals diskutiert wurde, mit zur Spaltung der Kirche geführt. In der »Gemeinsamen Erklärung zur Rechtfertigungslehre«[46] ist festgestellt worden, dass es zwar typisch evangelische und katholische Zugänge, Gewichtungen und Konsequenzen der Rechtfertigungslehre gibt, dass die Differenzen aber keinen kirchentrennenden Charakter haben. Desto wichtiger ist der Blick in die Bibelübersetzungen: Wie sehr spiegeln sie konfessionelle Traditionen? Wie sehr sind sie in der Lage, die alten Konfessionsgrenzen zu überschreiten?

Im Römerbrief spitzt Paulus seine Rechtfertigungsbotschaft theologisch zu. Er beginnt seine Darlegungen mit einer These, die erklärt, weshalb er sich des Evangeliums »nicht schämt«, das Gottes Macht sei, alle zu retten, die glauben. In den drei Übersetzungen lautet der Kernsatz Röm 1,17:

EÜ 2017	Zürcher 2007	Luther 2017
»Denn in ihm wird die Gerechtigkeit Gottes offenbart …«	»Gottes Gerechtigkeit nämlich wird in ihm offenbart …«	»Denn darin wird offenbart die Gerechtigkeit, die vor Gott gilt …«

Die Einheitsübersetzung und die Zürcher Bibel unterscheiden sich nur im Satzbau voneinander. Die Lutherbibel aber macht aus dem einfachen griechischen Genitiv *dikaiosyne theou* (»Gerechtigkeit Gottes«, lateinisch: *justitia Dei)* einen Relativsatz. In der Anmerkung wird die wörtliche Übersetzung angeführt. Für die Entscheidung im Haupttext, der im Gottesdienst vorgelesen wird, sind nicht philologische, sondern theologische Gründe ausschlaggebend: Es soll der Eindruck entstehen, Paulus handle von jener Gerechtigkeit, die dem Menschen selbst immer fremd bleibe, weil er »Sünder und Gerechter zugleich« sei *(simul justus et peccator)*, während aber die katholische und die reformierte Tradition – wie Paulus selbst – auf die Gerechtigkeit setzen, die Gott eignet und an der er denen, die glauben, Anteil gibt, sodass sie ihrerseits gerecht gemacht werden und im Dienst der Gerechtigkeit stehen (Röm 6,13). Die wörtliche Übersetzung mit dem einfachen Genitiv ist offener und tiefer.

Seinen Gedankengang fortsetzend, zitiert Paulus, wie so oft, als Begründung aus der Heiligen Schrift. Diesmal hat er den Propheten Habakuk vor Augen. In Röm 1,17 wird dieses Zitat (Hab 2,4) gleichfalls nicht identisch übersetzt.

EÜ 2017	Zürcher 2007	Luther 2017
»Der aus Glauben Gerechte wird leben.«	»Der aus Glauben Gerechte wird leben.«	»Der Gerechte wird aus Glauben leben.«

Auch hier gehen die katholische und die reformierte Version überein, während die Lutherbibel einen eigenen Weg einschlägt. Der griechische Text lässt beide Wiedergaben zu. Die erste, die Gerechtigkeit an den Glauben bindet, passt genau zu jener Auslegung der Rechtfertigungslehre, die Gottes Effektivität betont, während die lutherische Wiedergabe wiederum zu dem Konzept passt, dass Gott die Gerechtigkeit dem gläubigen Menschen nur zurechnet, sodass der Glaube die Zukunftshoffnung begründet.

In der Wiedergabe des alttestamentlichen Prophetenwortes selbst zeigen sich unterschiedliche Grundentscheidungen, entweder den Abstand zwischen den Testamenten oder ihren Zusammenklang zu betonen. Hab 2,4 wird unterschiedlich wiedergegeben:

EÜ 2017	Zürcher 2007	Luther 2017
»Der Gerechte aber bleibt aufgrund seiner Treue am Leben.«	»Der Gerechte aber wird durch seine Treue am Leben bleiben.«	»Der Gerechte aber wird durch seinen Glauben leben.«

Die Lutherbibel gibt den alttestamentlichen Text genauso wie den neutestamentlichen wieder; das ist Programm. Die Einheitsübersetzung und die Zürcher hingegeben bauen einen Unterschied auf (und entsprechen eher dem, was mehrheitlich die alttestamentliche Forschung sagt): dass nicht »Glaube«, sondern »Treue« gemeint sei (hebräisch: *emuna*, griechisch: *pistis*) und dass Treue sich im Leben auszahle. Freilich weist nur die Einheitsübersetzung in einer Anmerkung auf den Unterschied hin, der sich aus der griechischen Septuaginta erklärt: Dort ist vom Glauben an Gott (»an mich«) die Rede, und so nehme Paulus den Vers auf. Durch die Anmerkung wird die Theologie transparent: Bei der Zürcher Bibel nimmt die Einheit, in der Lutherbibel die Vielfalt der Heiligen Schrift Schaden; die Einheitsübersetzung ist hier differenzierter, informativer und fundierter.

Ein alter Streit dreht sich um die Wiedergabe einer erneuten Kernaussage des Apostels im Römerbrief, die wiederum die Form einer These hat (Röm 3,28).

EÜ 2017	Zürcher 2007	Luther 2017
»Wir sind der Überzeugung, dass der Mensch gerecht wird durch Glauben, unabhängig von Werken des Gesetzes.«	»Denn wir halten fest: Gerecht wird ein Mensch durch den Glauben, unabhängig von den Taten, die das Gesetz fordert.«	»So halten wir nun dafür, dass der Mensch gerecht wird ohne des Gesetzes Werke, allein durch den Glauben.«

Im Zentrum der Aufmerksamkeit steht das Wort »allein«, das nicht im griechischen Text steht, das Luther aber eingefügt (und in seinem Sendbrief vom Dolmetschen wortreich verteidigt) hat, passend zum *sola fide* (»allein durch den Glauben«), das zu den reformatorischen Prinzipien gehört. Der Blick in die Zürcher Bibel zeigt aber, dass man gut und gerne evangelisch sein kann, ohne das Wörtchen in die Übersetzung zu schmuggeln: Es gehört, wenn, dann in die Auslegung

– und kann dort verteidigt werden, auch in der ökumenischen Debatte, wenn deutlich wird, dass der Glaube, der »allein« rechtfertigt, »nie allein« ist, wie es der katholische Ökumeniker Otto Hermann Pesch (1931–2014) formuliert hat. Im Übrigen redet Paulus nicht von »den Taten, die das Gesetz fordert«, wie die Zürcher Bibel den Eindruck erweckt, sondern prägnant von den »Werken des Gesetzes«, wie die Einheitsübersetzung und die Lutherbibel übereinstimmend und philologisch korrekt festhalten; Paulus meint jenes Handeln, das im Vertrauen auf die Heilsbedeutung des Gesetzes die Gebote erfüllt, aber unter Verkennung dessen, was das Gesetz im Grunde fordere: den Glauben an Gottes Barmherzigkeit und Gerechtigkeit, den Gott selbst schenkt.

Die rechtfertigungstheologischen Differenzen der drei großen kirchlichen Übersetzungen im deutschen Sprachraum spiegeln die konfessionellen Traditionen ziemlich ungebrochen wider, besonders im Fall der Lutherbibel. Es wird aber auch deutlich, wie sie sich vom Schrifttext her erklären und relativieren lassen. Sie schließen einander nicht aus, sondern begrenzen und erhellen einander.

Kirche und Gemeinde

Zum Kennzeichen der kirchlichen Bibelübersetzungen ist das griechische Wort *ekklesia* geworden. Es wird signifikant unterschiedlich in den konfessionellen Bibeln übersetzt. Besonders Paulus hat es stark gemacht, obgleich es ältere Wurzeln hat und vermutlich bis auf die Urgemeinde zurückgeführt werden kann. Im Hintergrund steht die Volk-Gottes-Theologie Israels, nur dass die prägnante hebräische Wendung *qehal el* in der Septuaginta meist mit *synagoge* übersetzt worden war, was aus Gründen wachsender Konkurrenz als Selbstbezeichnung der christlichen Gemeinden (auch wenn sie sich noch zum Judentum rechneten) nicht in Betracht kam, sodass die zweite Übersetzung der griechischen Bibel, *ekklesia*, zur ersten Wahl des Neuen Testaments wurde – mit dem schönen Nebeneffekt, das damit der politische Begriff der Griechen für die Versammlung der stimmberechtigten Bürger einer Stadt eine revolutionär neue religiöse Bedeutung bekommen konnte.

Die Einheitsübersetzung differenzierte bereits in der Version von 1979 zwischen zwei Möglichkeiten: »Kirche« und »Gemeinde«. Wenn das eine Gottesvolk Jesu Christi im Blick steht, das sich überall auf der Welt bildet, wird »Kirche« gewählt; wenn hingegen eine kleine Gemeinschaft von Gläubigen oder eine aktuelle Versammlung im Blick steht, steht »Gemeinde«. Die Differenzierung zwischen »Kirche« und »Gemeinde« ist eine mit und nach dem Zweiten Vatikanischen Konzil vertraute Bezeichnung (während die zwischenzeitlich eingeführten juristischen Begriffe wie Pfarrei oder all die heutigen Neologismen wie »Seelsorgeeinheit« erfreulicherweise nie in Bibelübersetzungen Eingang gefunden haben, was ihren prekären theologischen Status widerspiegelt).

Anders hingegen die Praxis der Lutherbibel. Der Reformator wählte als Übersetzung von *ekklesia* durchgängig »Gemeinde«, um den Gemeinschaftscharakter und die Analogie der sichtbaren Kirche zu politischen Gemeinwesen zu betonen. In der gesamten Lutherbibel, auch der revidierten, taucht das Wort »Kirche« nicht auf. Ebenso hält es die Elberfelder Bibel: Eine »Kirche« kennt sie nicht. In der Zürcher Bibel ist das anders. Hier wird ähnlich wie in der Einheitsübersetzung je nach der Bedeutung im Kontext differenziert, nur dass die Entscheidung häufiger als in der Einheitsübersetzung für »Gemeinde« als für »Kirche« fällt.

An drei Beispielen wird der Unterschied anschaulich.

Das erste Beispiel ist das Wort Jesu an Petrus in Mt 16,18:

EÜ 2017	Zürcher 2007	Luther 2017
»Du bist Petrus, und auf diesen Felsen werde ich meine Kirche bauen.«	»Du bist Petrus, und auf diesen Felsen werde ich meine Kirche bauen.«	»Du bist Petrus, und auf diesen Felsen werde ich meine Gemeinde bauen.«

Für die katholische Tradition gibt es keinen Zweifel, dass sich die Verheißung auf die eine Kirche Jesu Christi bezieht, zu allen Zeiten und an allen Orten. Luther hat ebenso gedacht, dies aber mit »Gemeinde« zum Ausdruck bringen wollen (was in katholischen Ohren schwer zu verstehen ist). Die Zürcher sieht hier gleichfalls nicht nur eine örtliche Gemeinschaft angesprochen und entscheidet sich deshalb für »Kirche«.

Das zweite Beispiel ist die Adresse des Ersten Thessalonicherbriefes (1 Thess 1,1):

EÜ 2017	Zürcher 2007	Luther 2017
»Paulus, Silvanus und Timotheus an die Kirche der Thessalonicher, …«	»Paulus und Silvanus und Timotheus an die Gemeinde in Thessalonich …«	»Paulus und Silvanus und Timotheus an die Gemeinde der Thessalonicher …«

Der Unterschied besteht darin, dass im katholischen Verständnis die christlichen Thessalonicher die Kirche vor Ort bilden. Sie sind nicht die ganze Kirche, aber sie sind ganz

Kirche. (Deshalb ist es gut, dass die frühere Einheitsübersetzung, die hier inkonsequenterweise »Gemeinde« hatte, korrigiert worden ist.) Die beiden evangelischen Bibeln sehen hingegen ihr Gemeindeprinzip vorabgebildet. Anders formuliert: Jede Konfession leitet ihre eigene Kirchenlehre aus der Bibel ab und projiziert sie in die Übersetzung. Das ist nicht illegitim; man darf nur die Sprachspiele nicht verwechseln. Wer mit katholischen Augen die evangelischen Adressen liest, darf nicht nur an eine Einzelgemeinde denken; wer mit evangelischen Ohren die katholische Übersetzung hört, darf nicht an eine Filiale der römischen Weltkirche denken.

Die Einheitsübersetzung und die Lutherbibel sind in der Adresse dieses Briefes – ausnahmsweise – noch wörtlicher (und prägnanter) als die Zürcher Bibel, weil sie, wie Paulus, nicht den Ort (»in Thessalonich«), sondern die Menschen (»der Thessalonicher«) anführen, die, wie die Wendung anzeigt, allesamt als Gläubige Bürgerrecht verliehen bekommen, auch wenn die Politik es damals Frauen, Kindern, Sklavinnen und Sklaven, Fremden und Besitzlosen versagt hat.

Das dritte Beispiel ist das Bild des Leibes Christi im Epheserbrief (Eph 1,22):

EÜ 2017	Zürcher 2007	Luther 2017
»Alles hat er ihm zu Füßen gelegt und ihn, der als Haupt alles überragt, über die Kirche gesetzt.«	»Alles hat er ihm unter die Füße gelegt und ihn hat er als alles überragendes Haupt der Kirche gegeben.«	»Alles hat er unter seine Füße getan und hat ihn gesetzt der Gemeinde zum Haupt über alles, ...«

Wiederum stimmen die Einheitsübersetzung und die Zürcher Bibel darin überein, dass es hier gut sei, als Übersetzung von *ekklesia* »Kirche« zu wählen, weil sie als eine universale Größe gesehen wird, mit Christus als ihrem Haupt. So macht es die Zürcher Bibel in der älteren Version deutlich, die auf das Jahr 1942 zurückgeht; in einer Anmerkung wird erklärt, dass dasselbe Wort verwendet werde, wie an den Stellen, die mit »Gemeinde« übersetzt sind, dass hier aber wie an anderen Stellen im Epheserbrief, im Kolosserbrief, in 1 Kor 12,28 und in Mt 16,18 »die ganze Christenheit« gemeint sei. Die Lutherbibel bleibt hingegen bei »Gemeinde«, ohne dass der kosmische Rahmen geleugnet wäre.

Freilich hat die Einheitsübersetzung als Übersetzung von *ekklesia* keineswegs durchweg »Kirche«, sondern nicht selten »Gemeinde«, auch in der revidierten Form: wenn nämlich die Versammlung der Gläubigen vor Augen steht, die einen letzten Versöhnungsversuch mit einem Übeltäter machen soll (Mt 18,17) oder die Eucharistie feiert (1 Kor 11,18), und auch, wenn in einer Briefadresse mehrere Kommunitäten an verschiedenen Orten angesprochen werden (Gal 1,2; Offb 2–3). Hier verwenden auch alle evangelischen Bibeln »Gemeinde(n)«.

Im Alten Testament kann von »Kirche« schlecht die Rede sein. Aber die griechische Wendung *ekklesia tou theou*, die das hebräische *qehal el* wiedergibt, hat die Bezeichnung der Kirche und der Gemeinde(n) im Neuen Testament bestimmt. Die Wendung begegnet mehrfach, auch an äußerst prominenter Stelle: im Buch Deuteronomium (5. Mose), direkt nach den Zehn Geboten (Dtn 5,22):

EÜ 2017	Zürcher 2007	Luther 2017
»Diese Worte sagte der HERR auf dem Berg, zu eurer vollzähligen Versammlung.«	»Diese Worte sprach der HERR auf dem Berg, zu eurer ganzen Versammlung.«	»Das sind die Worte, die der HERR redete zu eurer ganzen Gemeinde auf dem Berge, …«

»Versammlung« ist als Übersetzung von *qehal* (und *ekklesia*) nicht falsch; sie lässt aber nicht die Theologie des Volkes Gottes erkennen, die für den hebräischen wie den griechischen Bibeltext wesentlich ist. Hier ist die Lutherbibel ambitionierter, indem sie dasselbe Wort »Gemeinde« wie in den neutestamentlichen Stellen verwendet und dadurch einerseits Israel aus christlicher Sicht theologisch aufwertet, andererseits die Verwurzelung der Kirche in Israel ausweist. Die Einheitsübersetzung kennt die Wiedergabe mit »Gemeinde« an zahlreichen anderen Stellen, die eine etwas andere philologische Basis haben (Ex 12,3.6.19 u.ö.). Es handelt sich also bei der Wiedergabe der Wendung nicht um ein theologisches Grundsatzproblem, wohl aber um eine diskussionswürdige Übersetzungsentscheidung.

Die lutherische Praxis hat den Vorteil, dass ein und dasselbe griechische Wort immer gleich übersetzt wird. Sie hat aber den großen Nachteil, dass nach heutigem Sprachgefühl »Gemeinde« eher den lokalen Zusammenschluss meint und »Kirche« auch in der ökumenischen Diskussion und in der systematischen Theologie für die »eine, heilige, katholische (allgemeine) und apostolische Kirche« (*ekklesia*) steht. Es ist misslich, dass ein zentrales Wort des Credos, Kirche, um das sich auch die ökumenische Debatte dreht, in der Lutherbibel nach wie vor nicht zu finden ist. Umgekehrt ist auch die katholische Terminologie nicht über jeden Zweifel erhaben, obgleich sie sich teilweise mit der Zürcher Bibel deckt und deutlicher als sie den theologischen Stellenwert der Ortskirchen unterstreicht. In der Einheitsübersetzung, der alten wie der neuen, wird das katholische Kirchenbild, wie es sich im Umkreis des Zweiten Vatikanischen Konzils ausgebildet hat, in der Bibel wiedergefunden.

Keine der kirchlichen Übersetzungen wird andere konfessionelle und private Übersetzungen verdrängen. Ihre Zahl und Qualität hat in den letzten Jahrzehnten zugenommen. Das ist eine erfreuliche Entwicklung, auch wenn an einzelnen Übersetzungen viel Kritik geübt werden kann. Es zeigt, dass der Moderne die Bibel keineswegs so fremd geworden ist, wie manche denken, und dass die Bibel auf ein starkes Interesse bei denen trifft, die sich überhaupt für Bücher interessieren.

6. Welches Verhältnis besteht zur neuen Lutherbibel?

Konkurrenz belebt das Geschäft

Zeitgleich mit der Revision der Einheitsübersetzung ist auch die Lutherbibel renoviert worden[47], pünktlich zur Feier von 500 Jahren Reformation 2017. Martin Luther, gelernter Exeget, hat 1521 auf der Wartburg, wohin er sich hatte flüchten müssen, mit der Übersetzung des Neuen Testaments begonnen. Im September 1522 wurde sie erstmals gedruckt, mit großem Erfolg. Die Übersetzung des Alten Testaments schloss sich an; sie erfolgte im Team mit anderen Wittenberger Reformatoren. Nach verschiedenen Revisionen erschien 1545 eine Ausgabe letzter Hand.

Die Lutherbibel hat für die evangelische Christenheit, besonders das Luthertum, eine identitätsstiftende Bedeutung.[48] Sie hat einen starken Einfluss auf die Zürcher Bibel und auf evangelische Übersetzungen in andere Sprachen ausgeübt. Sie hat auch katholische Bibelübersetzungen, wenngleich verstohlen, stark beeindruckt. Sie kann als der wichtigste Beitrag der Reformation zur Geschichte der Kirche eingeschätzt werden. In der katholischen Kirche hat keine Übersetzung auch nur annähernd eine solche Bedeutung gewonnen wie die Lutherbibel für die Evangelischen; erst die Einheitsübersetzung ist auf dem Weg, eine vergleichbare Rolle zu spielen. Desto interessanter ist ein Vergleich, zumal weder eine evangelische Stimme bei der katholischen noch eine katholische Stimme bei der evangelischen Bibelrevision Gehör gefunden hat.[49]

Die neue Revision der Lutherbibel

Die Geschichte der Lutherbibel ist auch die Geschichte immer neuer Revisionen.[50] Luther selbst hatte bereits damit begonnen. Aber der Umgang mit seiner Ausgabe zeigt das Dilemma: Je nach Zeitgeschmack wurde mehr »geluthert«, mehr am Urtext kontrolliert oder mehr modernisiert.

Das Problem

Dass die Lutherbibel ein Markenzeichen des deutschen Protestantismus ist, macht den Umgang mit ihr nicht leichter. Einerseits kann heute, von Experten abgesehen, niemand mehr die Lutherbibel im Original lesen, weil sich die deutsche Sprache in einem halben Jahrtausend stark verändert hat. Andererseits ist es aber gerade das Lutherdeutsch, das sie attraktiv und faszinierend macht, jedenfalls für die große Mehrzahl der Evangelischen, während die meisten Katholiken bis heute fremdeln. Wie aber soll beides zusammengehen: Treue zu Luther einerseits und Verständlichkeit heute andererseits?

Die Aufgabe führt zu einem Dilemma. Luther will ja die Bibel selbst zu Wort kommen lassen. Er hat zwar die Vulgata immer im Kopf gehabt, aber bewusst aus den Originalsprachen übersetzt. Der Protestantismus kennt mit Berufung auf Martin Luther ein Schriftprinzip, das nicht der Tradition, sondern der Bibel die entscheidende Rolle in der theologischen Urteilsbildung und der Entwicklung einer kirchlichen Praxis zumisst. Was aber heißt dann eine »Revision« der Lutherbibel? Was ist, wenn Luther nicht nur unverständlich geworden ist, sondern falsch übersetzt hat? Was ist, wenn er gar nicht den Originaltext der Bibel als Basis genommen hat, sondern Drucke, die zu seiner Zeit gut waren, heute aber überholt sind, weil sie eine spätere Form des Bibeltextes repräsentieren? Was ist, wenn er so gut übersetzt hat, dass seine Wiedergabe alternativlos scheint?

Man kann die Frage noch zuspitzen: Wird jetzt Luther zur normativen Überlieferung, mächtiger als jedes Lehramt in der katholischen Kirche? Soll man nicht besser seine alte Übersetzung stehen lassen (und im Museum ausstellen oder, in ein heutiges Schriftbild gebracht, Liebhabern an die Hand geben), um dann – so, wie er es damals getan hat – eine neue, moderne Übersetzung direkt aus den biblischen Quellen zu erstellen? Die Entscheidung der Evangelischen Kirche in Deutschland lautete für die aktuelle Revision: zurück zu Luther und mit seiner Hilfe zum Urtext. Das ist ein schwieriges Unterfangen. Das alte Vulgata-Problem der katholischen Kirche kehrt in neuer Form auf der protestantischen Seite wieder. Gewiss: Die Wittenberger Bibel war eine ausgesprochen gute Übersetzung; das war die Vulgata aber auch. Wer wieder mehr Luther zu Wort kommen lassen will, muss sich arge Mühe geben, ihn verständlich zu machen, ohne Luther zu verfälschen, ohne die Bibel zu verfremden und ohne das heutige Lesepublikum zu verlieren.

Der Prozess

In den 1960er- und 1970er-Jahren schien die Lutherbibel erstarrt zu sein. Die letzte Revision des Alten Testaments war zwar 1964 erfolgt, die der »Apokryphen« 1970. Aber das Neue Testament hinkte nach. Es sollte neu herausgebracht werden, und zwar, wie es damals zeitgemäß war, in einer neuen Form. Freilich löste ein Probedruck einen Sturm der Entrüstung aus.[51] Als Aufhänger musste die Bergpredigt dienen, weil hier Jesus gesagt hätte, man solle sein »Licht nicht unter den Eimer« (statt »unter den Scheffel«) stellen (Mt 5,15). Als jemand vom »Eimertestament« sprach, war die Entscheidung gefallen: Man konnte nicht mehr bei null beginnen, musste aber alles wieder auf den Prüfstand stellen und stärker auf die beliebte Luthersprache abstimmen. 1984 war der Prozess abgeschlossen. Diese Version hat die evangelischen Gemeinden ziemlich überzeugt. Sie hatte sich an vielen Stellen recht weit von Luther entfernt, im Ganzen jedoch den Eindruck vermittelt, Luther treu geblieben zu sein.

Seit der letzten Revision der Lutherbibel sind allerdings, ähnlich wie bei der Einheitsübersetzung, über 30 Jahre, beim Alten Testament gar über 50 Jahre ins Land gegangen. Die Sprache ändert sich, der Geschmack auch. So sollte ein neuer Anlauf gemacht werden; die Initiative ging von der evangelischen »Deutschen Bibelgesellschaft« aus. Das Reformationsjubiläum bietet eine gute Gelegenheit, die neue Lutherbibel ins Schaufenster zu stellen und die Reformation zurück zu den Quellen zu führen. Christoph Kähler, Neutestamentler, früher Landesbischof von Thüringen und stellvertretender Ratsvorsitzender der EKD, hat das Projekt »Lutherbibel 2017« im Auftrag des Rates der EKD koordiniert.

Im Kern standen drei Herausforderungen: Erstens sollte die Lutherbibel konsequent am Urtext kontrolliert werden, so streng, wie das früher noch nicht getan worden war; das war die wichtigste Aufgabe. Zweitens mussten die unabhängig voneinander erstellten Bearbeitungen des Alten und des Neuen Testaments miteinander besser verzahnt werden. Drittens sollte für den Gebrauch im Gottesdienst, in der Katechese und im Unterricht wieder so viel Luther wie möglich zu Gehör gebracht werden, entgegen dem Trend der letzten Versionen.

Es ist unmöglich, alle drei Aufgaben unter einen Hut zu bringen. Aber man hat einen Kompromiss gefunden.[52] Ursprünglich war nur eine kurze Durchsicht geplant; jetzt ist es eine echte Neuausgabe geworden. An die 70 Fachleute, vor allem Exegetinnen und Exegeten, sind gefragt worden; letztlich hat in einem komplizierten Verfahren ein von der EKD eingesetzter Lenkungsausschuss die Entscheidungen getroffen. Der Übersetzungstext, den er schließlich für richtig befand, wurde dem Rat der EKD vorgestellt, der ihn annahm. Ohne starkes Knirschen und interne Kräche ist es bei der intensiven Arbeit nicht abgegangen. Die meisten Voten aus der Exegese wurden aufgenommen, aber längst nicht alle, wie bei der Einheitsübersetzung. Über 800.000 Wörter hat die Lutherbibel, etwas mehr als 60.000 wurden verändert. Fast ein Viertel der Verse ist betroffen, und sei es nur durch Punkt- und Kommasetzung. Die Quote der Veränderungen ist in etwa so hoch wie bei der Revision der Einheitsübersetzung.

Einen Sonderfall bilden die sogenannten »Apokryphen«. Luther war kaum an ihrer Übertragung beteiligt. Jetzt sind sie auf der Basis der Septuaginta, der griechischen Bibel des antiken Judentums, nicht nur revidiert, sondern teils ganz neu übersetzt worden, sprachlich auf die anderen Bibelteile abgestimmt und deshalb in nachgeahmtem Lutherdeutsch. Aufgenommen wurde auch das »Gebet Manasses«, das in der Vulgata einen Appendix bildet (in der Einheitsübersetzung nicht steht) und von Luther als Schlussgebet des Alten Testaments verstanden wurde, eine Bitte um Gottes Barmherzigkeit, an der es nicht fehlen werde – bestens passend zur reformatorischen Gnadenlehre.

Das Produkt

Die Standardausgabe der Lutherbibel ist schwarz. Der dunkle Bucheinband erinnert an den Talar protestantischer Geistlicher. Ein Beffchen oder eine Hauskrause fehlen, aber im schimmernden Weiß prangt die Lutherrose. »Die Bibel« steht auf dem Cover, mit dem Untertitel: »Lutherübersetzung«. »Nach Martin Luthers Übersetzung« präzisiert das Titelblatt innen und fügt noch hinzu: »Lutherbibel. Revidiert 2017«. Deutlicher kann man das Dilemma und das Profil nicht kenntlich machen. 1115 Seiten hat das Alte Testament mitsamt den »Apokryphen«, 299 Seiten das Neue Testament – das mit einer neuen Seitenzählung beginnt, als ob die christliche Bibel nicht ein Buch aus vielen Büchern in zwei Hauptteilen wäre. Ein Anhang von gut hundert Seiten gibt Hinweise zur Ausgabe, zu Zahlen, Maßen und Gewichten; er umfasst Sacherklärungen und Karten.

Anders als in der Einheitsübersetzung (und bei Luther) werden die biblischen Bücher nicht durch kurze Einleitungen historisch, literarisch und theologisch eingeordnet. Merkwürdig ist, dass »Kernaussagen« im laufenden Text fett gesetzt sind – so als ob die anderen Verse nicht so wichtig wären. Schon Luther hat damit angefangen; bei vielen markierten Versen handelt es sich um Konfirmationssprüche – die man aber im Zweifel auch ohne die Hervorhebung finden würde. Wie man hört, lieben viele Evangelische diesen Fettdruck; aber er führt zu irritierenden Eindrücken. Seitenweise gibt es, vor allem im Alten Testament, offensichtlich nichts, was hervorzuheben wäre. Im gesamten Buch Numeri (3. Mose) gibt es keinen einzigen Merksatz. Im Neuen Testament wimmelt es hingegen von Fettdrucksentenzen. Die Auswahl wirft Fragen auf. Im Ersten Johannesbrief steht fett gedruckt: »Lasst uns lieben, denn er hat uns zuerst geliebt« (1 Joh 3,19 – nach der neuen Lutherbibel) – wer wollte gegen die Hervorhebung etwas einwenden? Aber ist die Fortsetzung nicht mehr so wichtig? Dort steht: »Wenn jemand spricht: Ich liebe Gott, und hasst seinen Bruder, der ist ein Lügner« (1 Joh 3,20 – nach der neuen Lutherbibel). Wer wollte leugnen, dass diese Erklärung im Zeitalter des terroristischen Fundamentalismus wichtiger ist denn je? Die Absicht des Layouts ist sicher nicht, die normal gedruckten Verse abzuwerten. Aber die Leserlenkung ist suggestiv. Man muss gegen das Textbild angehen, um einen unvoreingenommenen Eindruck zu gewinnen.

Nicht nur äußerlich präsentiert sich die Lutherbibel im Retro-Look. Auch die Sprache ist altertümlich: Traditionsbewusste Kirchgänger werden es begrüßen, wenn sie im Weihnachtsevangelium wieder hören: »Da machte sich auf auch Josef …, darum dass (statt: weil) er von dem Hause und Geschlechte Davids war« (Lk 2,4). Auf die Partikel und Pronomina ist sehr geachtet worden. Mit Luther liest man wieder »desto« statt »umso«, »etliche« statt »einige«, »auf dass« statt »damit« und oft »da« statt »als«. Das ist mehr als Nostalgie. Es verändert den Ton und öffnet den Sinn – bei denen, die genau lesen und zuhören.

Die Lutherbibel ist ohnedies reich an »geflügelten« Worten. Einige treffende kommen wieder sehr gut heraus: »Staub bist du, und zum Staub kehrst du zurück«, heißt es jetzt

(Gen 2,28), wie in der Aschermittwochsliturgie, statt »Erde« in der früheren Lutherbibel und gar »Erdboden« in der revidierten Einheitsübersetzung. Die Lutherbibel hat einen starken Sprachfluss. Wer in der neuen Version noch einmal die alte Geschichte von David und Goliat liest (1 Sam 17), wird von einem literarischen Meisterwerk gefangen, das mit Luther den Rhythmus des Textes trifft, während die alte Fassung, die auch schon sehr gut war, im Vergleich hölzern klingt.

Allerdings ist man nicht selten übers Ziel hinausgeschossen. Maria ist immer noch Josefs »vertrautes Weib« (Lk 2,5). Immer noch liest man: Hagar »ward schwanger« (Gen 16,4); immer noch wird beteuert, kein »Mohr« könne seine Hautfarbe ändern (Jer 13,23); immer noch kann man sich nicht entschließen, die Doxologie nach dem Vaterunser (»Denn dein ist das Reich ...«) als Zusatz aus dem Haupttext zu verbannen; sie steht dort, wie bislang, in Klammern. Das offenbar sakrosankte »allein aus Glauben« in Röm 3,28 wurde bereits angesprochen. Es wird sogar noch nachgelegt: »Und hätte der Liebe nicht«, heißt es jetzt wieder dreimal im Hohenlied 1 Kor 13 (statt früher und ganz ähnlich wie in der Einheitsübersetzung: »und hätte die Liebe nicht«); angeblich sei diese Wendung aus gnadentheologischen Gründen angezeigt, weil niemand die Liebe Gottes »habe«, sondern jeder nur Anteil an ihr gewinne, so als ob Gottes Liebe nicht Überfluss schaffe. Nach dem Johannesevangelium sagt Jesus jetzt: »Wer an mich glaubt, der wird leben, ob er gleich stürbe« (Joh 11,25); früher hieß es wie in der Einheitsübersetzung und der Zürcher Bibel: »auch wenn er stirbt«. Die Rückabwicklung zum früheren Luthertext wirkt gewollt. Diese und viele andere Änderungen sind Manierismen. Sie fördern nicht das Verständnis, sondern vermitteln den Eindruck, die Bibel sei veraltet.

Luther selbst hätte nicht am alten Text geklebt, sondern eine neue Übersetzung gemacht. Er wäre ohne Zweifel aufgeschlossen gewesen für die neuen Empfindlichkeiten des Publikums und für die frischen Einsichten der Bibelforschung. Dem trägt die revidierte Lutherbibel an einer ganzen Reihe von Stellen Rechnung. Die wenigsten sind spektakulär. Aber im Ganzen können alle Leserinnen und Leser wie bei der Einheitsübersetzung sicher sein, dass sie eine zuverlässige Übersetzung vor Augen und in den Ohren haben. Jeder Vers ist genau angeschaut worden; viele kleine Veränderungen dienen einer größeren Treue nicht nur zu Luther, sondern auch zum Urtext.

Die meisten Neuerungen gehen auf neue Einsichten in die ursprüngliche Textgestalt zurück: So darf die Apostolin »Junia« nun auch in der Lutherbibel – nicht anders als in der Einheitsübersetzung und in der Zürcher Bibel – wieder, wie in der gesamten Antike, eine Frau sein (Röm 16,7). Ganz ähnlich wie die Einheitsübersetzung hält es die Lutherbibel auch mit den »Brüdern und Schwestern«. Eva ist für Adam nicht mehr eine »Gehilfin« (Lutherbibel 1984), sondern nun eine »Hilfe« (Gen 2,18), wie nach der Einheitsübersetzung auch. Der Patriarchalismus der Bibel bleibt; aber er wird durch die Übersetzung weniger verstärkt als früher.

Freilich ist die Lutherbibel nicht konsequent: »Phoebe« ist immer noch nicht »Diakon(in)« wie für Paulus, sondern steht »im Dienst« der Gemeinde (Röm 16,1). Immer noch erklärt die Lutherbibel im Ersten Timotheusbrief, dass die Frauen männlicher Diakone (»ihre Frauen«) bestimmte Kriterien erfüllen müssen (1 Tim 3,11), während der griechische Urtext offen für weibliche Diakone ist (»Frauen ebenso«). Die Einheitsübersetzung ist hier besser. Am besten ist an diesen Stellen jedoch die Zürcher Bibel – mit »Diakonin« im

Römerbrief und der offenen Übersetzung im Ersten Timotheusbrief.

Das Verhältnis zur Einheitsübersetzung

Durch die Revision ist die Lutherbibel die Lutherbibel geblieben – und wieder mehr geworden. Sie ist das Produkt einer evangelischen Selbstvergewisserung. Der Vergleich mit der Einheitsübersetzung macht dieses Merkmal besonders deutlich. An die Loccumer Richtlinien, in denen die Schreibung von Eigennamen ökumenisch abgestimmt worden war, hat man sich nicht konsequent gehalten, sondern die lieb gewordenen Eigenheiten mancher Schreibweisen (Hesekiel, Kapernaum u. a.) beibehalten. Die Einheitsübersetzung hat sich an die Verabredung gehalten. Das ist kein Zufall. Die Lutherbibel schärft das evangelische Profil, die Einheitsübersetzung ist ökumenisch offener, weil sie katholisch ist.

Beide Übersetzungen sind aber nicht nur durch kirchliche Überlieferungen geprägt, sondern mehr noch von der Zeit der Entstehung. Die Sensibilität für die Geschlechtergerechtigkeit, der Einsatz für den jüdisch-christlichen Dialog, das Interesse an Biblischer Theologie – all das kennzeichnet beide, und die 2007 neu vorgestellte Zürcher Bibel nicht weniger. Damit leisten alle drei Bibelübersetzungen einen großen Dienst bei der »Rechenschaft« über den »Grund der Hoffnung«, die alle Gläubigen hegen (1 Petr 3,15). Sie sind charakteristische Zeugnisse christlicher Theologie, die auf menschliche Weise von Gottes Wahrheit spricht und sie als Heilswahrheit versteht. Sie verbinden die Ursprünge des Christentums einschließlich seiner jüdischen Wurzeln mit der Gegenwart und leisten den Kirchen, in deren Auftrag sie entstanden sind, den Dienst, nicht nur ihre Identität zu spiegeln, sondern sie zur Umkehr zu rufen.

Bei der Revision der Lutherbibel lag die ältere Version der Einheitsübersetzung als Referenztext vor; umgekehrt hatten die Revisorinnen und Revisoren der Einheitsübersetzung die Lutherbibel von 1984 vor Augen. Der wechselseitige Respekt vor der Leistung der Brüder und Schwestern ist gewachsen. In der Einheitsübersetzung wird es schwerfallen, antiprotestantische Pointen zu finden. Ebenso schwer fällt es, in der Lutherbibel Aversionen gegen den Papst, den vermeintlichen »Antichrist« früherer Zeiten, und die katholische Kirche zu finden.

Gleichzeitig scheint die Chance für längere Zeit verpasst, eine ökumenische Bibel im kirchlichen Auftrag zu erstellen. Desto wichtiger ist, dass der *Status quo* mit zwei und drei konkurrierenden Ausgaben nicht zur Resignation führt. Erstens belebt Konkurrenz das Geschäft. Zweitens ist die Zeit reif für eine wechselseitige Anerkennung: dass beide Seiten erklären, in ökumenischen Gottesdiensten könne sowohl die Einheitsübersetzung als auch die Lutherbibel benutzt werden. Freilich wäre es gut, die Zürcher Bibel die Dritte im Bunde sein zu lassen.

Die wechselseitige Anerkennung darf aber nicht nur auf dem Papier stehen. Sie begründet eine Selbstverpflichtung: Es darf nie wieder eine katholische Bibelrevision ohne evangelische Partnerschaft und nie wieder eine evangelische ohne katholische geben. Es gibt keine Wissenschaft, die ökumenisch so eng zusammenarbeitet wie die Exegese, und kaum ein Land, in dem die Theologie so gut auf Augenhöhe organisiert ist wie in Deutschland. Es wäre ein Treppenwitz, diese Konstellation künftig nicht besser zu nutzen.

Der Nutzen

Jede Bibel ist nur so gut, wie sie gelesen wird. Das Beste, was die Revision der Einheitsübersetzung (wie auch die der Lutherbibel) erreichen kann, ist, dass die Heilige Schrift neu ins Bewusstsein tritt: dass sie im Gottesdienst mit höherer Qualität vorgelesen, mit größerer Aufmerksamkeit gehört und mit mehr Esprit in der Predigt ausgelegt wird und dass sie öfter freiwillig gelesen wird, in kleinen oder größeren Gruppen, allein und mit anderen, sei es, um die Neugier zu stillen, was dieses Buch wirklich enthält, sei es, um Orientierung im Glauben zu finden, sei es aber auch, um die eigene Glaubensskepsis auf den Prüfstand zu stellen.

Tatsächlich zeigen alle Untersuchungen, dass die Bibel weit häufiger gelesen wird, als über das Lesen gesprochen wird. Freilich: Was heißt es, die Bibel zu lesen? Gewiss haben es sich schon viele vorgenommen, von vorne bis hinten die Bibel durchzulesen. Allerdings gibt es nur wenige, die durchgehalten haben. So gut sich die Erzählungen der Erzeltern, die Geschichte von Joseph und seinen Brüdern, der Auszug aus Ägypten, der Zug durch die Wüste bis zur Offenbarung der Zehn Gebote lesen – wenn seitenlang Opferrituale beschrieben, Strafkataloge aufgestellt und Details des hohepriesterlichen Brustschildes beschrieben werden, braucht es einen langen Atem. Im Neuen Testament ist es erhellend, einmal ein Evangelium von Anfang bis Ende zu lesen, ohne nur die Häppchen sonntäglicher Perikopen zu kosten – aber warum viermal die gleiche Geschichte erzählt wird, leuchtet nicht auf Anhieb ein; die Briefe sind vielfach harte Kost; die Offenbarung gilt als Buch mit sieben Siegeln.

Gewiss sind die Schwierigkeiten nur die Kehrseite des reichen Gewinns, den das Bibellesen verspricht. In der Johannesoffenbarung, die zum letzten Buch der Bibel geworden ist, steht der Kernsatz, der den Gottesdienst vor Augen hat, aber auch darüber hinaus erhellend ist:

> »Selig, wer die Worte der Prophetie vorliest und jene, die sie hören und das halten, was in ihr geschrieben wurde; denn die Zeit ist nahe« (Offb 1,3 – neue EÜ).

Wenn aber so viel am Lesen hängen soll, fragt sich, wie es gelingen kann. Die über 1500 Seiten der Einheitsübersetzung (und jeder Vollbibel) wirken wie eine Bleiwüste, die nur unter großen Strapazen durchquert werden kann. Aber das ist eine optische Täuschung. Tatsächlich zeichnet die Bibel eine bunte Landkarte des Glaubens, auf der viele Wege durch die Wüste von Oase zu Oase führen, an große Flüsse und in hohe Gebirge, in pulsierende Städte und faszinierende Einöden, in zerstörte Kriegsgebiete und blühende Landschaften.

Es bedarf allerdings eines Überblicks: Wie ist die Bibel aufgebaut? Wie kann man sich beim Lesen in ihr zurechtfinden? Und welchen Sinn soll das Bibellesen haben? Hinweise geben nicht nur moderne Kommunikationstechniken; die Bibel selbst hält die besten Anregungen und Anleitungen bereit.

7. Wie ist die Bibel aufgebaut?
Der große Bogen und die vielen Ecken

Die Bibel bildet eine Einheit – nicht als Summe von Lehrsätzen oder als Theorie eines Systems, nicht als Katechismus oder Kompendium, sondern als Erzählung, die Gottes Liebesgeschichte mit den Menschen wiedergibt, sodass Menschen ihre eigene Lebensgeschichte in sie einzeichnen können. Aus diesem erzählerischen Grundzug leitet sich ab, dass erst das Alte, dann das Neue Testament in der Bibel steht, dass am Anfang die Erschaffung und am Ende die Vollendung der Welt erzählt wird und dass in der Fülle der Zeit Jesus auf die Welt gekommen ist – dort, wo das Neue Testament im Alten wurzelt (Mt 1,1–18) und sich für die Mission unter den Völkern öffnet (Mt 28,16–20).

Die Bibel hat einen bestimmten Umfang und eine bestimmte Komposition; beides ist Ausdruck theologischer Grundüberzeugungen, die sich im Prozess des Schreibens und Lesens der heiligen Bücher entwickelt haben. In ihnen spiegeln sich Unterschiede und Gemeinsamkeiten zwischen Judentum und Christentum, aber auch zwischen der katholischen und der evangelischen Tradition. Im Blick auf die Gesamtkompositionen kann geschaut werden, inwieweit die Bibel als ein Buch aus vielen Büchern, als eine Geschichte aus vielen Geschichten gelesen werden kann.

Umfang und Komposition des Kanons

Im Judentum wie im Christentum hat keine zentrale Behörde entschieden, welche Bücher in die Bibel gehören und in welcher Reihenfolge sie erscheinen. Vielmehr hat sich im Prozess des Lesens selbst der Kanon herausgebildet. In der christlichen Bibel steht, was in – idealtypisch – allen

Gemeinden als grundlegende Schriften anerkannt wird, weil sie mit dem Zeugnis der Apostel Orientierung in den entscheidenden Fragen des Glaubens, der Liebe und der Hoffnung geben. Die frühesten Christengemeinden übernehmen alle Bücher der »Heiligen Schriften«, die zu ihrer Zeit im Judentum breit anerkannt waren, einschließlich der ursprünglich griechischen. Im 2. Jahrhundert konsolidiert sich der neutestamentliche Kanon mit den vier Evangelien, der Apostelgeschichte, den Briefen und schließlich auch der Johannesoffenbarung. Über einzelne Schriften wurde länger kontrovers debattiert, ob sie noch mit hineingehören oder besser ausgeschieden werden sollten. Besonders die Johannesoffenbarung, die vielen als zu grausam und verschlüsselt erschien, war nicht überall anerkannt. Auch der Hebräerbrief stieß auf Kritik, weil er die Möglichkeit einer Buße und Versöhnung für Abtrünnige zu leugnen scheint. Aber diese Diskussionen spiegeln die Stabilität des kanonischen Prozesses wider, der meist in ruhigen Fahrwassern verlaufen ist. Schwierigkeiten gab es allerdings mit Markion (85–160 n. Chr.), der das Alte Testament ausgrenzen und das Neue Testament verstümmeln wollte. Die Auseinandersetzung mit ihm hat zu größerer Klarheit geführt. Der Kanon ist keine starre Größe, sondern ein pulsierender Organismus, der aber von Anfang an nicht weit von der Gestalt gewesen ist, die sich heute in der Einheitsübersetzung wiederfindet und ähnlich in den anderen Bibelübersetzungen.

Die Anlage der Einheitsübersetzung

Die Einheitsübersetzung folgt in ihrer ersten wie ihrer erneuerten Gestalt dem Kanon (nicht dem Text) der Vulgata. Das Konzil von Trient hat ihn als verbindlich für die katholische Kirche festgestellt[53], damit aber keine Neuerung eingeführt, sondern die jahrhundertelang in der westlichen Kirche herrschende Tradition festgeschrieben. Auf der ganzen Welt folgen die katholischen Bibeln diesem Prinzip.

Die Einheitsübersetzung macht dies in ihrer Gliederung klar. Sie kennt im Alten wie im Neuen Testament vier Teile: Am Anfang des Alten Testaments stehen die fünf Bücher Mose, die Tora; im Neuen Testament entsprechen dieser Grundlage die vier Evangelien; auch im Konzil von Trient werden beide Teile eigens markiert: *Quinque Mosis* (»fünf Bücher Mose«) … *Quattuor Evangelia* (»vier Evangelien«). Als zweiter Kanonteil werden im Alten Testament die »Bücher der Geschichte des Volkes Gottes« aufgelistet, von Josua bis zum 2. Buch der Makkabäer, das bis an die Schwelle der Geschichte Jesu heranführt; im Neuen Testament steht für diese geschichtliche Orientierung die Apostelgeschichte. Der dritte Kanonteil des Alten Testaments bringt die »Bücher der Lehrweisheit und der Psalmen« von Ijob bis zu Jesus Sirach. Ihm entsprechen im Neuen Testament die Briefe. Am Schluss des christlichen Alten Testaments stehen die »Bücher der Propheten«; am Ende des Neuen Testaments steht als prophetisches Buch die Johannesoffenbarung.

In den Aufbau des Alten Testaments sind diejenigen Bücher eingegliedert, die nicht ursprünglich hebräisch verfasst worden sind oder lange Zeit nur in griechischen Versionen greifbar waren, aber zum katholischen Kanon gehören. Für das Urchristentum gehörten sie zu den heiligen Schriften; dem Judentum der Zeitenwende waren sie wertvoll. In den Hebräischen Kanon, der sich später abgerundet hat, sind sie aber nicht aufgenommen worden. Die neue Einheitsübersetzung weist wie die alte in den Einführungen zu den betreffenden Büchern darauf hin. Es handelt sich vor allem um Geschichtswerke wie die Makkabäerbücher, aber auch um die Bücher Tobit und Judit sowie um Weisheitsschriften wie das »Buch der Weisheit (Salomos)« und Jesus Sirach, darüber hinaus um Zugaben zur Prophetie wie Baruch und etwa die prickelnde Geschichten von Susanna im Bade (Dan 13) und vom Kampf des Propheten gegen Götterbilder und gegen einen Drachen (Dan 14) im Danielbuch. Für die katholische Kirche sind es »deuterokanonische« Schriften, die sozusagen in der zweiten Reihe stehen, aber in die Bibel voll integriert sind.

Evangelische Alternativen

In der Reformationszeit wurden sowohl von Luther als auch von Zwingli und Calvin die griechischen Bücher des Alten Testaments zur Disposition gestellt, eher aus philologischen denn aus theologischen Gründen. Hier spricht man von den »Apokryphen« des Alten Testaments. Die Praxis ist unterschiedlich. In vielen evangelischen Bibeln fehlen sie ganz, so durchweg in der Zürcher Bibel. In manchen Lutherbibeln stehen sie, aber als Anhang zum Alten Testament. Martin Luther kennzeichnet sie als solche Bücher, die »nicht der heiligen Schrift gleich gehalten und doch nützlich und gut zu lesen sind« (so in der Vorstellung der Deutschen Bibel von 1534 und ähnlich 1545). Diese Aussonderung der Apokryphen war in der christlichen Tradition des Westens und Ostens eine Neuerung, wiewohl es auch in der Alten Kirche starke Verteidiger der *veritas hebraica* (»hebräischen Wahrheit«) gegeben hat. Sie nicht (richtig) zum Kanon zu zählen, nähert das christliche Alte Testament dem jüdischen Kanon an, was heute als positives Zeichen einer Verständigung gesehen werden kann, obwohl die an den Rand gestellten Schriften auch genuin jüdisch sind.[54]

Dies ist aber nicht der einzige Unterschied in der Komposition der Bibel, die immer ein Ausdruck theologischer Programmatik ist. In der Lutherbibel haben das Alte wie das Neue Testament keinen vier-, sondern einen dreiteiligen Aufbau.

(Durch die Revision ist er festgeschrieben worden.) Jeweils an erster Stelle stehen »Geschichtsbücher«, zu denen auch die Tora und die Evangelien gerechnet werden, ohne dass der Unterschied zu den Erzählungen von der Landnahme und aus der Königszeit Israels beziehungsweise zur Apostelgeschichte markiert würde. Das entspricht einer heilsgeschichtlichen Lesart der Bibel, die aber nicht als solche reflektiert wird. Hier ist die katholische Gliederung im Alten Testament näher beim Judentum, weil die Tora, die fünf Bücher Mose, wie in der hebräischen Bibel als grundlegend an den Anfang gestellt werden, analog im Neuen Testament die Evangelien. Im weiteren Verlauf entsprechen die konfessionellen Gliederungsprinzipien einander, weil im Alten Testament – anders als im Judentum – zuerst die Weisheitsschriften, dann die Propheten aufgelistet werden, so wie im Neuen Testament zuerst die Briefe und am Schluss die Offenbarung des Johannes.

Im Neuen Testament gibt es heute einen konfessionsspezifischen Unterschied bei den »Katholischen« (heißt: an die ganze Kirche gerichteten) Briefen. Hier hat die Einheitsübersetzung die Abfolge, die sich meistens in den alten Kanonlisten findet: Jakobus – Petrus – Johannes – Judas. Diese Anordnung ist aus dem Bericht vom Apostelkonzil im Galaterbrief abgeleitet, wo in genau dieser Reihenfolge die ersten drei als »Säulen« der Jerusalemer Urgemeinde genannt werden, die den paulinischen Apostolat als gleichberechtigt anerkannt haben (Gal 2,9). Martin Luther hatte jedoch Schwierigkeiten mit dem Jakobusbrief, den er in der Vorrede zu seiner Übersetzung eine »stroherne Epistel« nannte, weil sie zu wenig »Christum treibe«.[55] Deshalb rückte er sie nach hinten, gerade noch vor den Judasbrief, den er theologisch gleichfalls abgelehnt hat. Aus theologischen Bedenken heraus hat Luther auch den Hebräerbrief, dem er zu große Strenge in der Bußtheologie vorwarf, von seiner abgestammten Stellung als Zugabe zum Corpus Paulinum gelöst und nach hinten strafversetzt, vor den Jakobusbrief. Kritik am Hebräerbrief hatte es seit der Antike gegeben; auch den Jakobusbrief hielten nicht alle für echt.

Freilich ist die evangelische Praxis uneinheitlich. Die Zürcher Bibel und die Elberfelder Bibel haben die lutherische Ordnung nicht, sondern gehen wie die Einheitsübersetzung auf die Septuaginta zurück und bieten die sonst alle kirchlichen Übersetzungen verbindende Ordnung (Paulusbriefe mit Hebräerbrief – Jakobusbrief – Petrusbriefe – Johannesbriefe – Judasbrief). Es ist dieselbe, die auch in der griechischen Standardausgabe des Neuen Testaments gewählt worden ist.[56] Die Zürcher hat zudem auch die frühere Unterteilung »Die Briefe des Paulus« und »Die übrigen Briefe« (an der Spitze dann der Hebräerbrief), die durchaus einen leicht diskriminierenden Ton anklingen ließ, aufgelöst – wie sie aber (ebenso wie die Elberfelder) im Alten und Neuen Testament 2007 insgesamt auf Untergliederungen der Testamente verzichtet, was bedauerlich ist.

Ökumenische Optionen

In der Antike, im Mittelalter und in der frühen Neuzeit gibt es keine ganz feste Ordnung der Bücher, sondern einen gewissen Korridor, in dem Abweichungen möglich sind. So listet das Konzil von Trient den Hebräerbrief unter den dann vierzehn Paulusbriefen auf, auch wenn sich die Theologie schon in der Antike davon überzeugt hat, dass Paulus nicht der historische Autor des (anonymen) Schreibens ist. Bei den katholischen Briefen startet das Konzil mit Petrus, um dann zu Johannes und über Jakobus schließlich zu Judas zu gelangen. Das ist von der lutherischen Ordnung nicht so weit entfernt.

Die Fragen der Komposition der Bibel, des Umfangs und der Abfolge kanonischer Bücher, sind klassische Themen nicht nur der biblischen Einleitungswissenschaften[57], sondern auch der Kontroverstheologie. Bewegt hat sich wenig. Die Einheitsübersetzung bleibt der katholischen Linie treu, die am tiefsten in der Geschichte der Kanonisierung verwurzelt ist und am engsten die Verbindungen zur Orthodoxie hält, weil sie die Apokryphen integriert und im Neuen Testament nicht theologische Erwägungen über die Reihenfolge (und indirekt die Wertigkeit) biblischer Bücher entscheiden lässt, sondern einer Überlieferung folgt, die in der Bibel selbst angelegt ist.

Die Logik des Aufbaus

Die Komposition der Bibel folgt theologischen Grundsätzen, die sich aus der Lektüre der Bibel selbst ergeben.[58] Entscheidend ist die Erkenntnis, dass die Bibel als eine große Erzählung gestaltet ist. Im Aufbau der Einheitsübersetzung kommt dieser Grundzug besonders gut heraus, weil die sogenannten Apokryphen integriert sind.

Der große Bogen der biblischen Erzählung beginnt bei der Erschaffung und endet mit der Neuschöpfung von Himmel und Erde.

> »Im Anfang erschuf Gott Himmel und Erde«
> (Gen 1,1 – neue EÜ).

> »Dann sah ich einen neuen Himmel und eine neue Erde«
> (Offb 21,1 – neue EÜ).

In der Schöpfungsgeschichte heißt es siebenmal, dass alles, was Gott geschaffen hat, »gut« war (Gen 1,4.10.12.18.21.25.31). Am Ende jedoch sagt Gott durch den Mund des Propheten von Patmos (der Jes 43,19 im Ohr hat), dass er »alles neu« macht (Offb 21,5). Der Spannungsbogen könnte größer kaum sein. Er entsteht, weil durchweg Gott handelt, der sich selbst treu bleibt und so auf die Menschen, seine Geschöpfe, reagiert, dass er sie auf den Weg zu sich selbst mitnimmt. Die Spannung entsteht aber auch, weil die Menschen der Versuchung erliegen, Gott nicht als ihren Herrn anzuerkennen, und deshalb nicht mehr im Paradies leben, sondern jenseits von Eden ihr Dasein fristen müssen, mit einer Hoffnung unterwegs, aber auch mit dem Wissen, sie selbst nicht erfüllen zu können.

Die alttestamentliche Leitlinie

Das christliche Alte Testament, so wie es in der Bibel arrangiert ist, entwickelt eine theologische Leitlinie, an der sich, wie Perlen an einer Kette, viele einzelne Geschichten auffädeln. Die »fünf Bücher Mose« erzählen, wie Gott sein Volk mitten unter den Völkern erwählt; er hat es vom Pharao, dem Prototyp eines Tyrannen, befreit, damit es in der Wüste die Weisung für ein geglücktes Leben im Land der Verheißung erhalten sollte. Im Mittelpunkt steht die Liebe zu Gott, die sich in der Nächstenliebe ausweist (Dtn 6,4f. – Lev 19,18). Mose freilich, dem Befreier, bleibt es versagt, über den Jordan hinein nach Israel zu ziehen – Zeichen einer Dynamik der Heilsgeschichte, die der menschlichen Schwäche ausgeliefert ist, aber von Gottes Wirken für die Menschen an ihnen und mit ihnen getragen ist.

Die Bücher der Geschichte erzählen, wie das Volk mit der Tora in Israel gelebt hat, wie es sich politisch zu organisieren begonnen hat, bis mit Saul, vor allem aber mit David und Salomo ein Königtum etabliert worden ist, das eigene Versuchungen hat entstehen lassen, aber doch auch eine Zusage verbürgt hat, dass Gott zu seinem Volk steht, und wie gerade die Könige Israels Unglück bedeutet haben, das zu einer Spaltung des Reiches und dann zu seiner doppelten Vernichtung geführt hat, bis ins babylonische Exil. Freilich erzählen die Geschichtsbücher des Alten Testaments auch, dass dieses katastrophale Ende ein neuer Anfang gewesen ist, der zum Wiederaufbau Jerusalems und des Tempels, aber auch zu neuen Irrungen und Wirrungen der Geschichte zwischen Fremdherrschaft und Selbstentfremdung, Befreiungsaktionen und Gesetzestreue geführt hat. Mit den Makkabäerbüchern entsteht keine Lücke zum Neuen Testament, sondern ein direkter Anschluss.

Die Weisheitsbücher setzen allerdings die Chronologie nicht fort, sondern wiederholen die Geschichte, indem sie reflektieren, wie sie in all ihren Höhen und Tiefen erfahren, verstanden und bewältigt werden kann. Der zweite Abschnitt des Kanons setzt mit Hiob ein; wie Abraham ist er ein Heide, der zum Bekenntnis Gottes findet – hier nicht durch eine Berufung, sondern durch eine bittere Erfahrung ungerechten Leidens. Die »Schriften« halten mit den Psalmen, von denen die meisten David zugeschrieben werden, ein geistliches Zeugnis des großen Königs Israels, und mit den Sprichwörtern und Kohelet, dem »Prediger« sowie dem Hohelied und dem Weisheitsbuch das gesammelte Erfahrungswissen fest, das mit dem weisen König Salomo verknüpft wird, bevor Jesus Sirach, bescheiden an der letzten Stelle, die Zusammenhänge zwischen Gesetzesgehorsam und Lebenskunst durchdringt.

Am Schluss stehen die Propheten – Zeugnisse einer messianischen Hoffnung, in der das Alte Testament mit christlichen Augen gelesen wird. Im christlichen Kanon stehen zuerst vier »große« Propheten, weil neben Jesaja, Jeremia und Ezechiel auch Daniel mit seiner apokalyptischen Erwartung zu ihnen gerechnet wird, wobei Jeremia mit den Klageliedern und mit einem Buch seines Mitarbeiters Baruch verbunden ist; danach stehen die zwölf »kleinen« Propheten.

Die »großen« sind die längeren, die »kleinen« die kürzeren Prophetenbücher. Es ist so gewollt, dass am Ende des ersten Bibelteils die Verheißung des Maleachi steht, die an Gottes Worte zu Mose anknüpft:

> »22Gedenkt der Weisung meines Knechtes Mose;
> am Horeb habe ich ihm Gesetze und Rechtsentscheide übergeben,
> die für ganz Israel gelten.
> 23Bevor aber der Tag des Herrn kommt, der große und furchtbare Tag,
> seht, da sende ich zu euch den Propheten Elija.
> 24Er wird das Herz der Väter wieder den Söhnen zuwenden
> und das Herz der Söhne ihren Vätern,
> damit ich nicht komme
> und das Land schlage mit Bann« (Mal 3,22–24 – neue EÜ).

Die Komposition der Bibel mit diesem Schluss des ersten Teiles zeigt, dass die christliche Tradition das Alte Testament als Buch einer Verheißung liest, als ein offenes Buch, das seine Zukunft noch vor sich hat, aber auch als grundlegendes Buch, das dem ganzen Volk Gottes, zu dem auch die Kirche sich zählt, Wegweisung gibt, damit es aus der Wüste ins Land gelangen kann, das von Milch und Honig fließt (Ex 3,8).

Trotz der Differenzen in der Behandlung der deuterokanonischen Bücher stimmen alle christlichen Bibeln in dieser Grundlinie überein. Der jüdische Kanon ist demgegenüber – gleichfalls aus theologischen Gründen – anders gegliedert. Hier steht die Tora am Beginn, wie im Christentum. Aber dann folgen zuerst die prophetischen Schriften (»Nebiim«), und zwar zuerst die »vorderen«, den Geschichtsbüchern im christlichen Verständnis entsprechend, schließlich die »hinteren«, die Schriftpropheten, dann die »Schriften« (»Ketubim«), einschließlich Daniel und der Chronikbücher. Die Propheten gelten in erster Linie als Interpreten der Tora; so werden auch die »Schriften« als Tora-Gebete (vgl. Ps 1) und Tora-Weisheit verstanden. Diese Anordnung ist auch dem Neuen Testament geläufig (vgl. Lk 24,44): weil es die jüdische Schrifthermeneutik nicht leugnet, sondern teilt, aber – nach eigener Auffassung – jene Messiaserwartung aus der Schrift ableitet, die zur Gliederung der christlichen Bibeln geführt hat.

Die überlieferten Autorennamen der Bibel – Mose, David, Salomo, Jesaja usw. – halten einer historischen Überprüfung in der Regel nicht Stand oder müssen doch deutlich differenziert werden, weil die Bücher über lange Zeiträume hin gewachsen sind. Die überlieferten Verfassernamen sind aber Teil des Kanons selbst. Früher hat die Exegese aus diesem Umstand oft den Auftrag abgeleitet, doch die Historizität der Angaben nachzuweisen, oder aber, ganz im Gegenteil, aus den Zweifeln über die Korrektheit der Angaben die Unzuverlässigkeit der Texte geschlossen. Heute lassen sich diese Verkrampfungen lösen. Wenn nicht geschichtliche Verfasser angegeben werden, dann doch ideale oder literarische. Dass überhaupt Namen genannt werden, zeigt an, dass die Bibel nicht vom Himmel gefallen ist, sondern von Menschen verfasst worden ist, die sich von Gott haben inspirieren lassen. Nach klassisch jüdischer Auffassung endet die Zeit der Inspiration für die Abfassung biblischer Schriften mit Esra und Nehemia, dem erfolgreichen Aufbau Jerusalems nach dem babylonischen Exil; danach beginnt die Zeit der mündlichen Tradition und der Auslegung, die so wichtig wie die Tora selbst sein kann. Nach christlicher Theologie gibt es aber keinen Bruch in der Schriftinspiration, sondern ein fortgesetztes Wirken des Heiligen Geistes, auch in den Verfassern der Makkabäerbücher, in Jesus Sirach, dann in Johannes dem Täufer und Maria, von Jesus ganz zu schweigen und den Aposteln, die er gesandt hat.

Die neutestamentliche Grundlinie

Das Neue Testament beginnt genauso programmatisch mit Jesus und seinem Evangelium wie das Alte Testament mit der Schöpfung und Mose. Allerdings hat Jesus selbst nichts Schriftliches hinterlassen. Sein Evangelium steht im Neuen Testament vielmehr »nach« Matthäus, Markus, Lukas und Johannes: so, wie es in den Traditionslinien der Evangelien von unterschiedlichen Augen gesehen und von unterschiedlichen Händen gestaltet worden ist, sodass es durch Lesen im Glauben vergegenwärtigt werden kann (Joh 20,30f.). Dass es nicht ein einziges, ultimatives Evangelium gibt, sondern vier Evangelien, die starke Gemeinsamkeiten, aber auch starke Unterschiede aufweisen, entspricht der Menschlichkeit der Offenbarung und der Offenheit des Schriftzeugnisses für eine Glaubenstradition, die von Jesus selbst durch seinen Nachfolgeruf angestoßen worden ist.

Auf die Evangelien folgt die Apostelgeschichte, die ursprüngliche Fortsetzung des Lukasevangeliums (Apg 1,1f.; vgl. Lk 1,1–4). In ihr wird deutlich, dass das Evangelium nachösterlich, wie Jesus selbst es verheißen hat, »in Jerusalem und in ganz Judäa und Samarien und bis an die Grenzen der Erde« verkündet wird (Apg 1,8), sodass überall christliche Gemeinden entstehen, genuin mit den Synagogen verbunden, aber doch bald auf eigenen Wegen, weil auch Heiden allein durch die Taufe Vollmitglieder der Kirche werden, ohne dass von Männern die Beschneidung gefordert würde und alle die jüdischen Reinheitsvorschriften einhalten müssten.

Der dritte Teil des Neuen Testaments enthält die Briefe, die sich paradigmatisch dem Wachstum der Gemeinden widmen, von deren Gründung und Entwicklung in der Apostelgeschichte erzählt worden war. In den heutigen Bibelausgaben folgen in allen Konfessionen die Paulusbriefe auf die Apostelgeschichte. Dadurch wird die römische Perspektive verstärkt. Denn die Apostelgeschichte endet mit Paulus in Rom; die Briefe beginnen mit dem Brief des Apostels Paulus an die Römer. In der Antike gab es auch die Alternative, auf die Apostelgeschichte zuerst die »Katholischen Briefe« folgen zu lassen, weil sie Autoren zugeschrieben werden, die schon zur Kirche gehörten, als Paulus sie noch verfolgt hat. Aber diese Anordnung hat sich nicht durchgesetzt, wofür das unvergleichliche Gewicht der Paulusbriefe den Ausschlag gegeben haben dürfte.

Am Ende des Neuen Testaments steht mit der Offenbarung des Johannes ebenso ein prophetisches Buch, wie auch das Alte Testament mit der Prophetie endet. Durch diesen Schluss wird klar, dass die Kirche eine entscheidende Verantwortung dafür trägt, die Erinnerung an das Evangelium Jesu und mit ihm an die fortlaufende Geschichte des Gottesvolkes Israel wachzuhalten, solange die Zeit währt. Der Schluss unterstreicht auch, dass die Kirche nicht der Endzweck der Heilsgeschichte ist, sondern Zeugin des Reiches Gottes, das unendlich größer ist als sie selbst. Für die Vollendung findet Johannes das Bild der himmlischen Stadt Jerusalem, die vom Himmel her die ganze Erde erfüllt (Offb 21–22). In dieser Stadt gibt es ein neues Paradies – mit ganzen Alleen von Lebensbäumen, von denen alle Früchte gegessen werden können. Deshalb gibt es keine teuflische Versuchung mehr, der Menschen erliegen würden. Das Paradies aber liegt mitten in der Stadt Jerusalem, weil die Glaubensgeschichte Israels nicht zerstört, sondern vollendet wird.

Im Neuen Testament wird mit Blick auf Jesus verkündet, was Anfang und Ende zusammenbindet und mitten in der

Krise des Todes die Erlösung des neuen, des ewigen Lebens schafft. Es ist Jesus selbst, der, Mensch unter Menschen, Jude unter Juden, das Leben und Sterben der Menschen teilt, als König der Juden verurteilt, um allen Menschen die Tür zum Reich Gottes zu öffnen. Das Matthäusevangelium, mit dem das Neue Testament beginnt, setzt an den Anfang einen Stammbaum Jesu, eine kurz gefasste Geschichte Israels von Abraham über David und das babylonische Exil bis zu Josef und Maria, der Jungfrau (Mt 1,1–18.19–23). Noch weiter greift das Johannesevangelium zurück:

»[1]Im Anfang war das Wort,
und das Wort war bei Gott,
und das Wort war Gott.

[14]Und das Wort ist Fleisch geworden,
und hat unter uns gewohnt,
und wir haben seine Herrlichkeit geschaut,
die Herrlichkeit des einzigen Sohnes vom Vater,
voll Gnade und Wahrheit« (Joh 1,1.14 – neue EÜ).

Leider versagt die neue Einheitsübersetzung dem Prolog eine Gliederung in poetischen Zeilen wie beim Psalter und wie hier zitiert. Sie wird nur durch Schrägstriche angedeutet. Aber den Sinn hält sie sehr gut fest. In Jesus wird offenbar, was Gott mit der Welt vorhat. Sie ist kein Chaos. In der Erschaffung ist schon die Hoffnung auf Vollendung eingestiftet – die kein leerer Wahn ist, sondern einen Grund hat, wenn Jesus nicht in die Irre gelaufen ist. Für Johannes und das gesamte Neue Testament ist Jesus kein Experiment, das Gott angestellt hat, sondern sein »Bild« (vgl. 2 Kor 4,4; Kol 1,15), die Offenbarung seiner Gnade und Wahrheit und deshalb auch der Schlüssel zum Verstehen der ganzen Schrift, ohne die wiederum Jesus nicht verstanden werden kann.

8. Welche Wege durch die Bibel lassen sich finden? *Routenplaner, Umleitungen und Abstecher*

So deutlich die theologischen Überzeugungen sind, die sich der Bibel eingeschrieben haben, so unübersichtlich wirkt sie. Deshalb bedürfen diejenigen, die sich auf Lesereise begeben wollen, eines Routenplaners, der die beste Streckenführung anzeigt, aber auch notwendige Umleitungen und interessante Abstecher.

Weniger ist mehr

Das Wort »Bibel« ist ein Plural. Die Bibel ist eine ganze Bibliothek. Im Alten Testament enthalten die katholischen Bibeln, auch die Einheitsübersetzung, 46 Bücher (höchst unterschiedlichen Umfangs), und im Neuen Testament 27 Schriften, vom kurzen Philemonbrief, der auf eine Postkarte passt, bis zum Lukasevangelium, das allerdings in der Einheitsübersetzung auch nicht mehr als 40 Seiten beansprucht. Wer die Bibel lesen will, ist gut beraten, bei einem dieser Bücher anzufangen, ohne sofort die ganze Bibliothek durcharbeiten zu müssen – ob es im Neuen Testament das Markusevangelium ist, das älteste und kürzeste, oder im Alten Testament das Buch Genesis, das den Bogen von der Erschaffung der Welt bis zur Aufnahme Josefs und seiner Brüder in Ägypten spannt, vielleicht aber auch erst nur die kurzen Bücher Esra und Nehemia, die zeigen, wie Israel aus Trümmern wiederauferstanden ist. Keines dieser einzelnen Bücher kann alles besagen. Aber jedes verweist im Ausschnitt auf das, was die Bibel zur Heiligen Schrift macht: die Spuren des Handelns Gottes in der Geschichte, die Erfahrung seiner Nähe oder auch seiner Ferne im Leben, das Menschen in der Welt führen.

Sicher sind für die meisten Menschen die Erzählungen des Alten und des Neuen Testaments zugänglicher als die Texte, die Visionen und Reflexionen enthalten. Die Samuel- und Königsbücher des Alten Testaments, die Apostelgeschichte des Neuen Testaments gehören zur eisernen Ration eines Glaubens, der sich von seiner Quelle nährt. Ob die Berufung Samuels (1 Sam 1–3: »Rede, denn dein Diener hört«) oder die Salbung des »rötlichen« David zum König (1 Sam 16: »Auf, salbe ihn, denn er ist es«), ob die Freundschaft Jonatans mit David, den er als Konkurrenten eigentlich hassen müsste (1 Sam 18; 2 Sam 1: »Wunderbarer war deine Liebe für mich als die Liebe der Frauen«) oder Natans Verheißung eines Sohnes, der ewig die Herrschaft innehaben wird (2 Sam 7: »Ich werde für ihn Vater sein, und er wird für mich Sohn sein«), ob Davids Ehebruch mit Batseba (2 Sam 11–12: »Ich habe gegen den Herrn gesündigt«) oder das salomonische Urteil (1 Kön 3: »Sie ist seine Mutter«), ob der Bau des Tempels (1 Kön 6–8: »Der Herr, unser Gott, sei mit uns«) oder der Besuch der Königin von Saba (1 Kön 10: »Deine Weisheit und deine Vorzüge übertreffen alles, was ich gehört habe«), ob der Kampf Elijas mit dem Baalspriestern auf dem Karmel (1 Kön 18) und seine Gottesbegegnung am Horeb (1 Kön 19: »Nach dem Feuer kam ein leises, sanftes Säuseln«) oder die Wunder seines Schülers Elischa (2 Kön 4–5: »Nimm deinen Sohn«), ob die Verheißung Jesajas (2 Kön 19: »Von Jerusalem wird ein Rest ausziehen«) oder die Zerstörung Jerusalems (2 Kön 25: »Jedes große Haus ließ er in Flammen aufgehen«) – es gibt eine Überfülle an eindrucksvollen, berückenden, aufregenden Szenen, die zu einer großen Geschichte führen, die sich im Kleinen abspielt, an der Peripherie der damaligen Machtzentren, aber im Herzen der Gottesgeschichte mit den Menschen. Ähnlich im Neuen Testament: Zu lesen, wie Petrus Mut findet, Jesus nicht mehr zu verleugnen, sondern vor dem Hohen Rat zu bekennen (Apg 5,29: »Man muss Gott mehr gehorchen als den Menschen«) und wie er seinen Widerwillen überwindet, Heiden nahezukommen (Apg 10,28: »Mir aber hat Gott gezeigt, dass man keinen Menschen unheilig oder unrein nennen darf«), öffnet die Augen für die dramatischen Erkenntnisse des Glaubens, die immer neu möglich werden; ebenso bewegend ist die Geschichte, wie aus dem Verfolger Saulus/Paulus (Apg 9,4: »Saul, Saul, warum verfolgst du mich?«) der Verkünder des Evangeliums wird (Apg 13,47 / Jes 42,6: »Ich habe dich zum Licht für die Völker gemacht«).

Wer die 150 Psalmen vor Augen hat, wird vielleicht gar nicht so gut daran tun, alle von vorne bis hinten durchzulesen, sondern besser beraten sein, einen Psalm auszuwählen und ihn zu beten – ob es der berühmte 23. Psalm ist (»Der Herr ist mein Hirte …«) oder ein Wallfahrtslied wie Ps 122 (»Ich freute mich, als man mir sagte: Zum Haus des Herrn wollten wir gehen …«), ob es ein Dankgebet ist (Ps 136,1: »Danket dem Herrn, denn er ist gütig«) oder das Schluss-Halleluja von Ps 150. Wer das Stundengebet mitbetet, kommt durch viele (nicht alle) Psalmen hindurch, nicht zu viel an einem Tag, aber von Tag zu Tag immer wieder neue und vertraute. Es kommt beim Bibellesen ohnedies nicht darauf an, möglichst viel und schnell, sondern eher langsam und nicht zu viel auf einmal zu lesen, damit die Worte wirken können.

Entdeckungsreisen sind möglich

Die Bibel zeichnet große Linien nach, die sich durch beide Testamente ziehen. Die Bibelwerke bieten, meist in enger ökumenischer Verbundenheit, Lesepläne an, die Tag für Tag, Monat für Monat, Jahr für Jahr als Pfadfinder dienen können. Wer sich auf diese Wege mitnehmen lässt, wird nicht nur weithin bekannte, sondern auch verborgene Stellen der Heiligen Schrift entdecken können.

Die Einheitsübersetzung selbst unterbreitet ein hervorragendes Angebot, indem es an den Schluss Anhänge stellt, die den Bibeltext aufschlüsseln. Drei seien als Anregungen für die Lektüre genannt.

Namenssuche

Auf nicht weniger als ca. 70 Seiten werden Namen und Begriffe vorgestellt. Wer sich auf die Suche nach Personen begibt, wird sehr schnell fündig; denn jeweils alle Belegstellen werden aufgeführt, an denen eine Person erwähnt wird. Es lohnt sich, die Stellen nacheinander und in ihren Kontexten zu studieren, um so die Geschichte prägnanter Gestalten zu verfolgen: von dem her, was über ihr Leben, bis zu dem hin, was über ihr Gedächtnis festgehalten wird.

Beispiel Abraham, ursprünglich Abram: Die Spur führt von der Genesis, die seine Berufung behandelt, von seinem Leben als Fremder in Israel, von seiner Familie und seinem Tod (Gen 11,26 – 25,12) und von verschiedenen Reminiszenzen in den Geschichtsbüchern (Jos 24,2f.; 1 Chr 1,27–34; 2 Chr 20,7; Neh 9,7; Tob 14,7; Jdt 8,26; 1 Makk 2,52; 2 Makk 1,2), die allesamt der Aktualisierung der Erzählungen dienen, über die Erinnerung an Abraham im Gebet (Ps 105, 6.9.42) und im Nachdenken über den Lauf der Geschichte und den Sinn des Lebens (Weish 10,5; Sir 44,19–22) bis zur Prophetie (Jes 41,8; 51,2; 63,15; Ez 33,24; Dan 3,35; Mi 7,20), die an Abraham eine immer neue, zukunftsweisende, Mut machende Verheißung festmacht. Im Neuen Testament werden die Referenzen nicht weniger. Jesus wird mit dem ersten Wort des Neuen Testaments als »Sohn Abrahams« vorgestellt (Mt 1,1; vgl. 1,17). Er ist die große Gestalt, auf die die Verheißung eines Segens für alle Völker zurückgeht, sowohl in den Evangelien (Lk 1,55) als auch in den Briefen (Röm 4,1–25; 9,7; 11,1; 2 Kor 11,22; Gal 3,6–29; 4,22; Jak 2,21.23; 1 Petr 3,6); er ist ein Zeichen der Hoffnung für Kranke und Sünder (Lk 13,16; 19,9), ja, für die Toten, die »in Abrahams Schoß« ruhen dürfen (Lk 16,19–31); er wird als Fremder gesehen, der weiß, dass die ewige Heimat nicht auf Erden, sondern im Himmel sein wird (Hebr 2,16; 6,13–15; 7,1–10; 11,8–19): Die Bilder sind unterschiedlich; immer wieder wird auch Sara erwähnt, seine Frau, die Mutter Isaaks. Wer die angegebenen Texte liest, nicht nur den einzelnen Vers, sondern auch den ganzen Abschnitt, kommt durch weite Teile der Bibel, ohne sich verlaufen zu müssen, und erhält einen guten Eindruck, wie kreativ die Erinnerung sein kann, wie intensiv die Auseinandersetzung und wie stark der Antrieb, die Abrahamsgeschichte bis in die Gegenwart fortzuschreiben.

Zu einer Gegenprobe lädt der Stammbaum Jesu nach dem Matthäusevangelium ein. Er ist männlich dominiert. Neununddreißigmal – vierzig minus eins – heißt es »zeugte«. Aber in der Kette der Zeugungen werden vier Frauen genannt. Die erste ist Tamar (Mt 1,3), zu deutsch: Palme; sie ist von Juda, einem Sohn Jakobs, mit seinem Sohn Er verheiratet worden, der aber starb, ohne dass sie Kinder bekommen hätte, und dann einem jüngeren Sohn versprochen worden, ohne dass Juda jedoch sein Versprechen eingelöst hätte; so ergreift sie die Initiative und dreht es so, dass sie von Juda, ihrem Schwiegervater, der sie für eine Dirne hält, geschwängert wird und Zwillinge gebiert (Gen 38,1–30; Rut 4,12; 1 Chr 2,4). Die zweite Frau im Stammbaum ist Rahab (Mk 1,5), eine Prostituierte aus Jericho, die Josuas Kundschafter rettet (Jos 2) und deshalb bei der Eroberung des Landes verschont wird (Joh 6,17–25); diese Frau wird im Hebräer- wie im Jakobusbrief als Vorbild eines Glaubens gefeiert, der sich durch beherztes Handeln als echt erweist (Hebr 11,31; Jak 2,25); dass sie das älteste Gewerbe der Welt betrieben hat, spielt keine Rolle. Die dritte Frau ist Rut (Mt 1,5), »die Freundin«. Sie ist keine geborene Jüdin, sondern eine Moabiterin, die aber Davids Großmutter wird. Im Alten Testament ist ihr ein eigenes Buch gewidmet, das in Bethlehem spielt und zeigt, wie Liebe Grenzen überwinden kann. Die vierte Frau ist Batseba, die aber im Stammbaum nicht mit Namen genannt, sondern als »Frau des Urija« vorgestellt wird, ihres Ehemanns (Mt 1,6). David hat sie sich genommen, indem er seinen Feldherrn, den Hetiter Urija (deutsch: »Der Herr ist mein Licht«) ans Messer liefert (2 Sam 11). Der Prophet Natan konfrontiert David mit seiner Schuld (2 Sam 12,1–4), das Kind aus dem Ehebruch stirbt (2 Sam 12,15–25), aber Batseba wird die Mutter Salomos, dem sie durch energischen Einsatz die Nachfolge Davids sichert (1 Kön 1,11 – 2,25; 1 Chr 3,5). Die Schuld Davids wird in der Geschichte Israels nicht verdrängt, sondern im Bußpsalm 51 immer wieder aufgerufen, mit der Hoffnung auf Vergebung. Die Frauen im Stammbaum Jesu zeigen, wie Gott auf krummen Zeilen gerade schreiben kann; sie lassen sich nicht auf ein bestimmtes Muster festlegen – nur darauf, dass es kein Muster gibt, dem Gott folgt, sondern dass er seine eigenen Wege findet, um seine Verheißung wahr zu machen, nicht ohne die Aktivität der Frauen. Die Krönung ist Maria, die wichtigste Frau für Jesus – die aber nicht mehr in den Stammbaum der Männer Israels hineingehört, weil sie die Jungfrau ist, die dem Messias das Leben schenkt (Mt 1,16.18–23). Das Stichwort Maria im Namensregister der Einheitsübersetzung führt zu einer weiteren Serie von leuchtenden Textbildern, die in den Evangelien, in der Apostelgeschichte und auch bei Paulus, nach traditioneller Auslegung sogar in der Johannesoffenbarung (Offb 12,1–6) zeigen, was alles von ihr erzählt – und was von ihr in der Bibel nicht erzählt wird, sondern erst in der Tradition der Kirche nach der Heiligen Schrift entstanden ist.

Zeitschienen

Die Einheitsübersetzung hat in ihrem Anhang auch eine »Zeittafel zur biblischen Geschichte«. Die Tabelle erlaubt eine gute Orientierung über eineinhalbtausend Jahre von der Spätbronzezeit, in der die Erzelterngeschichten und der Exodus spielen, bis zum Brand Roms und der Christenverfolgung unter Nero 64 n.Chr. Die Zeittafel ist aber nicht nur an den biblischen Szenen interessiert, sondern ordnet sie in die Weltgeschichte ein, in die Geschichte der Assyrer und der Ägypter, der Perser, der Griechen und der Römer. Allein diese Hinweise sind wichtig, weil sie die Augen dafür öffnen, dass die Bibel kein geschlossenes Buch ist, das sich um den Lauf der Zeiten nicht kümmerte, sondern dass sie auch in dem Sinn ein offenes Buch ist, weil sie Einflüsse aus der zeitgenössischen Kultur aufnimmt und auf sie ausstrahlt.

Die Zeittafel nennt auch, wo es möglich ist, die biblischen Texte, die sich auf die Phasen der Geschichte beziehen. Durch ein Buchsymbol sind die wichtigsten Texte markiert – so wie im Alten Testament ein anderes Symbol anmerkt, wo biblische Personen und Ereignisse auch außerhalb der Bibel erwähnt werden. Leider fehlen solche Hinweise für die neutestamentliche Zeit, wiewohl Johannes der Täufer, Jakobus und vor allem Jesus in jüdischen, teils auch in römischen Quellen erwähnt sind.

Die Zeittafel lässt erkennen, wie weit der geschichtliche Horizont ist, in dem sich die biblischen Texte bewegen. Wer sich über die Entwicklungen und Brüche, die Windungen und Wendungen der Geschichte informieren will, findet in den Querverweisen gute Anhaltspunkte. Die angegebenen Texte sind allerdings nicht nur Quellen im historisch-kritischen Sinn des Wortes: Sie malen Gedächtnisbilder; sie pflegen Erinnerungen; sie aktualisieren die Vergangenheit, indem sie die Gegenwart auf das beziehen, was einmal war und nicht vergeht.

Ein dramatisches Beispiel ist der Untergang des Nordreiches, das traditionell den Namen Israel führt, im 8. Jahrhundert vor Christus. Im Zweiten Buch der Könige wird die deprimierende Geschichte von militärischen Vormärschen, schweren Rückschlägen, zwischenzeitlichen Atempausen und endgültigen Niederlagen, von Kompromissen und Korruptionen, von enttäuschten Hoffnungen und flammender, aber auch erkalteter Gottesliebe erzählt (2 Kön 15–17). Die Zeittafel verweist aber auch auf Propheten wie Hosea oder Jesaja und ihre Bücher, die neue Perspektiven auf die Ereignisse öffnen: Warnungen, Drohungen – und Visionen eines Jenseits politischer Katastrophen (Jes 20,2). Wer im Register die Namen verfolgt, die in der Zeittafel genannt werden, kann erkennen, wie intensiv in den Texten mit den Ereignissen gerungen wird: Unglück oder Strafe? Tragik oder Schuld? Ende oder Anfang? Wer bibelwissenschaftliche Werke konsultiert[59], kann noch einmal genauer sehen, von welchen Positionen aus, in welchen Perspektiven und in welchen Brechungen das Geschehen reflektiert wird. War Juda wirklich der Nabel der jüdischen Welt, das Refugium der wahren Theologie? War nicht der Norden größer, stärker, wichtiger, fortschrittlicher? Und deshalb interessanter für die Großmächte in der Nachbarschaft? Lässt sich die Spaltung heilen, der Verlust ausgleichen? Die Unruhe, die von den biblischen Texten ausgeht, wird nicht kleiner, wenn man sich über Spannungen zwischen Ereignissen und Erzählungen, zwischen

Geschehen und Gedanken informiert – und genau das sind die Abenteuerreisen des Lesens im Buch des Glaubens, die von der Bibel selbst angestoßen werden und nicht zu Ende kommen werden, solange die Zeit währt.

Ortsbegehungen

Zum Anhang der neuen Einheitsübersetzung gehören auch vorzügliche Karten. Sie zeigen in verschiedenen Ausschnitten und zu unterschiedlichen Zeiten die Landschaft des Alten Orients und des Nahen Ostens, mit einem besonderen Augenmerk auf Palästina und Jerusalem, bevor dann die Missionsreisen des Paulus den Blick wieder für den gesamten Mittelmeerraum öffnen. Diese Karten ermöglichen eine Orientierung im Raum. Sie laden zu Ortsbegehungen ein, die Zeitreisen sind, und zu literarischen Wanderungen, die Glaubenswege bahnen. Mithilfe des Registers lassen sich die passenden Stellen in der Bibel sehr leicht finden.

Beispiel Jericho: im Jordantal gelegen, einer der tiefsten Punkte der Erde (wie man heute weiß) und eine der ältesten Siedlungsstätten der Region, wie die Archäologie zeigen kann. Es ist die erste Stadt, die bei der Landnahme überrollt wird (vgl. Num 22,1; Dtn 34,3), mit den sagenhaften Posaunenstößen, die Mauern zum Einsturz bringen (Jos 6,1–27), und der taffen Rahab, die den Kundschaftern Unterschlupf bietet (Jos 2,1–3) und ihre Familie rettet (Jos 6; Hebr 11,30). Jericho spielt als Grenzstadt eine schwierige Rolle in den Kämpfen um die Etablierung eines davidischen Königtums (2 Sam 10,5; 1 Kön 16,34; 2 Chr 28,15), ist aber eine feste Größe beim Wiederaufbau Jerusalems und Judas geworden (Esr 2,34; Neh 3,2; 7,36) und wird wiederum eine Frontstadt beim Makkabäeraufstand (1 Makk 9,50; 2 Makk 12,15). Jericho ist aber auch eine Stadt, die eng mit der Prophetie verbunden ist: im Alten Testament mit der Überlieferung von

Elijas Himmelfahrt (2 Kön 2), im Neuen Testament mit der Heilung des Blinden, von der Matthäus, Markus und Lukas erzählen (Mk 10,46–52 parr.). Schließlich führt der Weg, den das Gleichnis vom barmherzigen Samariter zeichnet (Lk 10, 25–37), von Jerusalem nach Jericho; diesen Weg sind damals tatsächlich viele Priester und Leviten gegangen, die alle hätten helfen müssen, da sie den tödlich Verletzten sahen und doch vorübergingen, während allein der Fremde, dem es das Herz zerreißt, das tut, was richtig ist: So gehören Gottes- und Nächstenliebe zusammen. Jericho, die Stadt am Rande, ist ein Knotenpunkt des Glaubens.

Umgekehrt hilft der Blick auf die Karten, die Wege nachzuzeichnen, die in der Bibel beschrieben werden: von Ur in Chaldäa nach Israel und über Ägypten wieder zurück, wie bei Abraham und Sara (Gen 11–25), von Jerusalem nach Babylon und wieder zurück, so wie beim ganzen Volk Israel (2 Kön – Neh, mit vielen Anklängen bei Jeremia und Ezechiel), von Galiläa nach Jerusalem und mehrfach hin und her wie bei Jesus und seinen Jüngern im Johannesevangelium oder von Bethsaïda und Kapharnaum am See Gennesaret (Mk 1,16–39 parr.) durch Galiläa nach Jerusalem (Mk 14–15 parr.; Apg 1–7) und von dort aus nach Caesarea (Apg 10), weiter über Antiochia (Gal 2,11–21) via Korinth (1 Kor 1) bis nach Rom (1 Petr 5,13), wie im Fall des Petrus und allerdings auch seiner Frau, von der jedoch nur indirekt die Rede ist (Mk 1,29–31 parr.; 1 Kor 9,5). Man kann die Reisen mit dem Finger auf der Landkarte nachvollziehen und sich von all den Orten auf den Routen ablenken lassen – und wird doch immer wieder dort landen, wo der Glaube als Weg gesehen wird, der, so Gott will, zu ihm selbst führt.

Vieles in der Bibel ist anstößig, ob es um die »Vernichtungsweihe« im Alten Testament geht, dass bei der Landnahme niemand verschont werden soll (Dtn 7,1–5; Jos 7,24–26 u. ö.), oder um die Aufforderung Jesu, dass die Toten ihre Toten begraben lassen sollen und wichtiger als die Pietätspflicht, den Vater zu bestatten, die Nachfolge sei (Lk 9,59–60). Im Alten, aber auch im Neuen Testament ist von Gottes Zorn die Rede (auch dazu und zu vielen anderen Reizthemen gibt es eine Sammlung der wichtigsten Referenzstellen im Register), vom Glauben, der Berge versetzt (Mk 11,24 parr.; 1 Kor 13,2), von unglaublichen Taten wie der Wandlung von Wasser in Wein (Joh 2,1–12) und von atemberaubenden Visionen wie dem Sturm der apokalyptischen Reiter, die Verderben über eine verderbte Welt bringen, um für Gottes Reich Raum zu schaffen (Offb 6).

Ohne diese und viele andere Widerhaken bliebe die Bibel banal. Die anstößigen Stellen dürfen allerdings nicht aus dem Zusammenhang gerissen, sondern müssen in das Ganze der Bibel eingeordnet werden. Dann können sie Aufhänger eines theologischen Nachdenkens, einer gläubigen Besinnung, einer intensiveren Auseinandersetzung werden, die sich nicht mit dem ersten Eindruck zufriedengibt, sondern nachhakt, ein zweites oder drittes Mal liest, den Kontext betrachtet, Erklärungsmöglichkeiten diskutiert, Alternativen erwägt, ins Gespräch kommt.

Sicher ist eines: Die Bibel rechnet mit Gottes Aktivität – durch Menschen, wenngleich oft gegen deren Widerstand, und in seiner Schöpfung, wenngleich nicht immer in der gewohnten Weise, sondern so, dass neues Leben entstehen kann. Es macht keinen Sinn, bei der Auslegung dieser Stellen nach Erklärungen zu suchen, als ob es Gott nicht gäbe. Es macht nur Sinn, die Frage, wer Gott ist und wie man sich sein Handeln vorstellen kann, im Licht der Bibel zu reflektieren und immer wieder zu korrigieren – so wie die Bibel ihrerseits nicht über jede Kritik erhaben ist, sondern eine intelligente Auseinandersetzung fordert, die Glaube und Vernunft nicht als Gegensatz, sondern als Entsprechung sieht.

Dann kann klar werden, dass ohne Gottes Gericht die Ungerechtigkeit abgesegnet würde, dass aber Gottes höchste Gerechtigkeit seine Barmherzigkeit ist (Hos 6,6 – Mt 9,13; 12,7). Es kann deutlich werden, dass der Verweis auf Gottes Zorn nicht etwa ein menschliches Standgericht im Namen Gottes legitimiert, sondern im Gegenteil jedes menschliche Richten unter den Vorbehalt stellt, dass Gott der Richter aller Richter ist (Mt 7,1–5). Es kann einleuchten, dass zwischen Himmel und Erde Dinge geschehen, die niemand zu träumen gewagt hätte (Ps 78,2 – Mt 13,35) und dass die Welt ein reines Chaos wäre, würde es nicht Gottes Wort geben, das für Wahrheit, für Sinn, für Gerechtigkeit und Frieden, für Freiheit und Sicherheit einträte (Ps 145,17 – Offb 15,4).

Überraschungen sind vorprogrammiert – weil kein Mensch Gott so auf der Rechnung hat, wie er wirklich ist – wenn er ist (vgl. 1 Kor 2,9). Die Bibel ist realistisch: Sie erweckt nicht die Illusion, alles sei gut und alles Leid sei nur böser Schein. Sie setzt aber darauf, dass alles gut wird. Dafür steht die Auferstehungshoffnung, die nicht nur das ewige, sondern auch das irdische Leben erfasst. Die christliche Bibel endet mit dem *happy end* schlechthin: dass alle Völker ihren Weg in das himmlische Jerusalem und dort in das Paradies finden, aus dem niemand mehr vertrieben werden wird (Offb 21–22). Der Lichtschein, der von dort aus in die Zeit fällt, begründet die Bitte und den Segenswunsch, mit dem die Bibel endet. Ihre drei letzten Worte sind ein

Dialog zwischen Jesus Christus, der die ganze Welt segnet, und der Kirche, die auf ihn ihre Hoffnung setzt, weil er sich ihr zusagt:

> »Ja, ich komme bald.
> Amen. Komm, Herr Jesus!
> Die Gnade des Herrn Jesus sei mit allen«
> (Offb 22,20–21 – neue EÜ).

9. Warum die Bibel lesen?
Buch des Glaubens – Buch der Liebe – Buch der Hoffnung

Am Ende des Hohenliedes schreibt der Apostel Paulus:

> »Für jetzt bleiben Glaube, Hoffnung, Liebe, diese drei; doch am größten unter ihnen ist die Liebe« (1 Kor 13,13 – neue EÜ).

Der Glaube steht am Anfang, weil mit der Bekehrung und dem Bekenntnis zu Gott das Leben neu beginnt. Die Hoffnung steht in der Mitte, weil sie Zukunft und Gegenwart, Himmel und Erde verbindet. Die Liebe steht am Ende, weil sie am größten ist. Sie ist am größten, weil sie die Liebe ist, die Gott in die Herzen der Menschen ausgegossen hat (Röm 5,5–7). Wer glaubt und hofft, hat das Privileg, in der eigenen Liebesbedürftigkeit und Liebesfähigkeit, in der Nächstenliebe und der Gottesliebe der anderen, in der Liebe zwischen Mann und Frau, Eltern und Kindern, Freunden und Freundinnen die Spuren der Liebe Gottes selbst zu erkennen, dessen Geist die Herzen aller Menschen erfüllen will. Wer liebt, nimmt an Gottes Liebe teil und hat deshalb das Beste getan, was getan werden kann.

Wer die Bibel nicht liest, kann immer noch glauben, hoffen und lieben, aber nicht die ursprünglichen, die prägenden, die weitreichende Zeugnisse des Glaubens, der Hoffnung und der Liebe kennenlernen, die Menschen auf den Weg zu Gott geführt haben, als sie im Volk Israel die prägenden Zeiten ihrer Anfangsgeschichte und mit Jesus die ersten Schritte auf dem Weg der Nachfolge gegangen sind. Wer die Bibel liest, wird nicht in die Zonen einer fernen Vergangenheit geführt, sondern auf die Foren gegenwärtiger und zukünftiger Diskussionen über Krieg und Frieden, in die Gotteshäuser voller Gebete und Gesänge, in die Schulklassen religiöser Bildungsarbeit, in die Herzkammern vieler Leute von heute, die ihre religiöse Musikalität entwickeln wollen.

Im Vorwort zur neuen Einheitsübersetzung wird das Zweite Vatikanische Konzil mit seinem Wort zur Offenbarung zitiert:

> »In der Heiligen Schrift kommt der Vater, der im Himmel ist, seinen Kindern in Liebe entgegen und nimmt mit ihnen das Gespräch auf« (*Dei verbum* 21).

In der herrlich alten Sprache kommt ein wunderbar neuer Gedanke zur Sprache, der tief in der Tradition christlicher Theologie wurzelt und weit in die Gegenwart und Zukunft des Glaubens hineinführt: Gott ist im Gespräch mit den Menschen. Die Menschen sollen auf ihn hören, aber er hört auch auf sie, auf ihre Klage, ihre Bitte, ihr Lob, ihren Dank. Die Bibel legt nicht nur Zeugnis von diesem Gespräch ab und vom Schweigen, das es umfasst. Die Bibel ist selbst ein Teil dieses Gespräches. Sie ist, so die Perspektive des Glaubens, entstanden, weil Menschen auf Gottes Wort gehört haben und weil Gott durch sie sein Wort sagen wollte; sie ist geschrieben worden, um das Reden mit Gott, um das Schweigen vor Gott und um das Hören auf Gott zu stimulieren.

Es gibt viele Wege, die Bibel zu lesen. Wer das eigene religiöse Wissen verbessern und den eigenen Glauben besser kennenlernen will, tut gut daran, sich bei den Bibelwerken über das reichhaltige Angebot zu informieren, das Geschichte und Archäologie, Textformen und Bibelkurse umfasst. Wer mit der Bibel den Pulsschlag der christlichen Spiritualität stärker spüren will, kann sich mit Formen der *Lectio divina*, der geistlichen Schriftlesung, befassen.[60] Es gibt sehr gute Einführungen in die gottesdienstlichen Lesungen – und dann immer die Möglichkeit, selbst in der Bibel nachzuschauen, um Querverweise zu erkennen, Zusammenhänge besser zu sehen und sich ein eigenes Urteil über Sinn und Zweck der Ausschnitte zu bilden, die für die Liturgie vorgesehen sind.

Es gibt andere Methoden, die sich mehr mit der Bedeutung der Bibel für das eigene Leben befassen, sei es persönlich, sei es gemeindlich. Das »Bibel teilen« ist besonders bekannt und beliebt, das in sieben Schritten von der Gegenwart hin zur Bibel und zurück führt, sodass alle Gesprächsteilnehmer ihre eigenen Zugänge und Vorbehalte mit anderen teilen können, in der gemeinsamen Hoffnung auf den Geist Gottes, der das bessere Verstehen sowohl der Bibel als auch des eigenen Lebens schenkt.[61] Eine Variante ist der »Bibliolog«, der stärker mit dem Bibeltext selbst arbeitet, aber ihn unterbricht, um ihn langsam lesen zu lassen, Alternativen zu bedenken und dann die Logik des geschriebenen Wortes mit dem des gelebten Lebens zu verschränken.[62] Solcher Methoden gibt es viele. Sie wollen entdeckt werden. Von allein geht es nicht.

Im Neuen Testament wird erzählt, wie ein Afrikaner, der Kämmerer der Kandake, der äthiopischen Königin (war es Amanitore?), auf der Rückfahrt von einer Pilgerreise nach

Jerusalem in der Heiligen Schrift liest, genauer im Vierten Lied vom Gottesknecht (Jes 53), und von Philippus, einem der Sieben, die in der Urgemeinde für den Tischdienst zur Versorgung griechischer Witwen eingesetzt worden waren (Apg 6,1–6), gefragt wird, nachdem er auf den Wagen gesprungen war:

»Verstehst du auch, was du liest?« (Apg 8,30 – neue EÜ).

Der Kämmerer ist klug genug, mit der rhetorischen Gegenfrage zu antworten:

»Wie könnte ich es, wenn niemand mich anleitet?«
(Apg 8,31 – neue EÜ).

Philippus ist sich nicht zu schade, seine eigene Bibellektüre vorzustellen, die den Äthiopier überzeugt. Es ist die Deutung, die zur Taufe führt. In anderen Leseszenen hat Lukas in der Apostelgeschichte nicht zu erwähnen vergessen, wie viel Desinteresse herrscht und dass es auch andere Leseweisen der Schrift als jene gibt, die mit Jesus in die Urkirche und mit den Aposteln in die Geschichte der Missionsgemeinden führt. Wer heute die Bibel liest, gläubig oder nicht, steht in dieser Spur und muss sich seinen Weg suchen.

Nach dem Lukasevangelium hat Jesus seine Verkündigung des Evangeliums damit begonnen, dass er in der Synagoge von Nazareth, seiner Heimatstadt, aus dem Buch des Propheten Jesaja gelesen hat (Jes 61,1f.):

»Der Geist des Herrn ruht auf mir;
denn er hat mich gesalbt.
Er hat mich gesandt,
damit ich den Armen eine frohe Botschaft bringe,
damit ich Gefangenen die Entlassung verkünde
und den Blinden das Augenlicht,

damit ich die Zerschlagenen in Freiheit setze
und ein Gnadenjahr des Herrn ausrufe«
(Lk 4,18f. – neue EÜ).

Fraglos wirken die Prophetenworte wie ein Spiegel, in dem Jesu Wirken und die Hoffnung, die Menschen hegen dürfen, genauer als in vielen anderen Bildern erkannt werden können. Für Jesus sind nach dem Lukasevangelium diese Worte wie das Haus Gottes, in dem er sich bewegt, um möglichst viele einzuladen, mit ihm bei Gott zu wohnen.

Freilich: Zur Schriftlesung gehört die Auslegung. Jesus gibt sie, Lukas zufolge, in einem einzigen Satz:

»Heute hat sich das Schriftwort, das ihr eben gehört habt, erfüllt« (Lk 4,21 – neue EÜ).

Dieser eine Satz spricht Bände. Noch genauer übersetzt, würde man schreiben müssen: »Heute hat sich dieses Wort in euren Ohren erfüllt.« Das gesamte Lukasevangelium bewahrheitet dieses Wort; es besagt, dass Jesus sich selbst auslegt, indem er Jesaja auslegt. Er steht ständig im Dialog mit der Bibel Israels. Konfliktfrei geht es nicht ab. Das zeigt schon der Versuch, Jesus bei Nazareth vom Abhang des Berges zu stürzen. Aber dass er durch die wütende Menge hindurchgeht, um seinen Weg der Evangeliumsverkündigung zu beginnen, ist für den Evangelisten ein Vorzeichen der Auferstehung Jesu, ohne die das Lukasevangelium wie das gesamte Neue Testament nie geschrieben worden wäre.

Also gibt es auch die Chance, die Bibel so zu lesen, dass diese Gute Nachricht verbreitet werden und auf Glauben stoßen kann. Es gibt tausend Wege, sie unter die Leute zu bringen. Das Lesen der Bibel ist nur einer von ihnen. Aber ohne die Orientierung an der Bibel wüsste man nicht, welche Wege im Sande verlaufen und welche zum Ziel führen.

Eine etwas andere Metapher verwendet der Zweite Petrusbrief, nach historisch-kritischer Einschätzung die jüngste Schrift der Bibel. Er erinnert an die Verklärung Jesu, bei der Petrus Zeuge gewesen ist (Mk 9,2–8 parr.); daran knüpft er die Überlegung:

> »Dadurch ist das Wort der Propheten für uns noch sicherer geworden und ihr tut gut daran, es zu beachten wie ein Licht, das an einem finsteren Ort scheint, bis der Tag anbricht und der Morgenstern aufgeht in euren Herzen« (2 Petr 1,19 – neue EÜ).

Wenn die helle Sonne der wahren Gotteserkenntnis strahlt, braucht niemand mehr die Bibel. Aber solange man unterwegs ist, gilt, was mit den Psalmen gebetet wird:

> »Dein Wort ist meinem Fuß eine Leuchte,
> ein Licht für meine Pfade« (Ps 119,105 – neue EÜ).

Anmerkungen

1 Vgl. *Gebhard Fürst* (Hg.), Gottes Wort in der Sprache der Zeit. 10 Jahre Einheitsübersetzung (Hohenheimer Protokolle), Stuttgart 1990.

2 Vgl. *Josef G. Plöger – Otto Knoch* (Hg.), Einheit im Wort. Informationen, Gutachten, Dokumente zur Einheitsübersetzung der Heiligen Schrift, Stuttgart 1979; *dies.* (Hg.), Brannte uns nicht das Herz? Dokumentation über die Veranstaltungen zur Vollendung der Einheitsübersetzung, Stuttgart 1980.

3 Eine überarbeitete Neuausgabe des zweiten Teils stammt von *Eleonore Beck* und *Gabriele Müller*, Das Neue Testament, Stuttgart – Kevelaer 2003.

4 Vgl. *Bonifatius Fischer*, Beiträge zur Geschichte der lateinischen Bibeltexte (Vetus Latina / Aus der Geschichte der lateinischen Bibel 12), Freiburg i. Br. 1986.

5 Einen intensiven Erfahrungsaustausch dokumentiert der Sammelband von *Joachim Gnilka – Hans-Peter Rüger (Hg.)*, Die Übersetzung der Bibel – Aufgabe der Theologie. Stuttgarter Symposion 1984 (Texte und Arbeiten zur Bibel 2), Bielefeld 1985.

6 Die Bibel. Nach Martin Luthers Übersetzung. Lutherbibel. Revidiert 2017. Mit Apokryphen, Stuttgart 2017.

7 Zürcher Bibel 2007, Zürich 2007.

8 Der masoretische Text ist eine Version des hebräischen Textes der Bibel, der das Ergebnis einer geregelten Bearbeitung älterer Bibel-Handschriften durch jüdische Schriftgelehrte in den Jahren 700 bis 1000 n. Chr. ist.

9 Vgl. Septuaginta deutsch. Das griechische Alte Testament in deutscher Übersetzung, hg. v. *Wolfgang Kraus – Martin Karrer*, Stuttgart 2009.

10 Vgl. *Päpstliche Bibelkommission*, Das jüdische Volk und seine Heilige Schrift in der christlichen Bibel (Verlautbarungen des Apostolischen Stuhles 152), Bonn 2002.

11 Dummdeutsch. Ein satirisch-polemisches Wörterbuch. Unter Federführung von *Eckhard Henscheid* unter Mitwirkung von *Carl Lierow* und *Elsemarie Maletzke*. Mit Zeichnungen von *Chlodwig Poth* (Fischer-Taschenbuch 7583), Frankfurt am Main 1985.

12 Vgl. Die Revision der Einheitsübersetzung und der Heiligen Schrift 2005–2014. Ein Rechenschaftsbericht, Stuttgart 2017 (mit Beiträgen von Joachim Wanke, Willi Egger und Adrian Schenker).

13 Fünfte Instruktion zur ordnungsgemäßen Ausführung der Konstitution des Zweiten Vatikanischen Konzils über die heilige Liturgie *Liturgiam authenticam*, herausgegeben von der päpstlichen Kongregation für den Gottesdienst und die Sakramentenordnung (Verlautbarungen des Apostolischen Stuhles 154), Bonn 2001 (lateinisch und deutsch).

14 Bibliorum Sacrorum Nova Vulgata – Editio Typica, Città del Vaticano 1986 u. ö.

15 *Lutherischer Weltbund – Päpstlicher Rat zur Förderung der Einheit der Christen*, Gemeinsame Erklärung zur Rechtfertigungslehre. Gemeinsame offizielle Feststellung. Anhang (Annex) zur Gemeinsamen offiziellen Feststellung, Frankfurt – Paderborn 1999.

16 *Kongregation für die Glaubenslehre*, Erklärung Dominus Iesus über die Einzigkeit und Heilsuniversalität Jesu Christi und der Kirche. 6. August 2000 (Verlautbarungen des Apostolischen Stuhles 148), 4., erweiterte Auflage Bonn 2007.

17 Gute Nachricht Bibel. Altes und Neues Testament. Mit den Spätschriften des Alten Testaments (Deuterokanonische Schriften/Apokryphen), Stuttgart 1997. Die freie Übersetzung, eine Revision der früheren »Bibel in heutigem Deutsch« wird gemeinsam von den evangelischen und katholischen Bibelwerken in Deutschland, Österreich und der Schweiz verantwortet.

18 Vgl. *Martin Stuflesser*, Die Tücken des Übersetzens. Was von den Diskussionen über das neue englische Messbuch zu lernen wäre, in: Herder Korrespondenz 67 (2013), 291–295.

19 Zu zwischenzeitlichen Turbulenzen um das Rituale zur kirchlichen Begräbnisfeier vgl. *Benedikt Kranemann – Stephan Wahle* (Hg.), »... Ohren der Barmherzigkeit«. Über angemessene Liturgiesprache (Theologie kontrovers), Freiburg i. Br. 2011.

20 Bibel in gerechter Sprache, hg. von *Ulrika Bail* u. a., Gütersloh 2006.

21 Vgl. *Michael Tilly*, Einführung in die Septuaginta, Darmstadt 2005.

22 Vgl. *Walter Groß* (Hg.), Bibelübersetzung heute. Geschichtliche Entwicklungen und aktuelle Anforderungen. Stuttgarter Symposion 2000 (Arbeiten zur Geschichte und Wirkung der Bibel 2), Stuttgart 2001.

23 Vgl. *Melanie Lange – Martin Rösel* (Hg.), »Was Dolmetschen für Kunst und Arbeit sei«. Die Lutherbibel und andere deutsche Bibelübersetzungen. Beiträge der Rostocker Konferenz 2013, Leipzig/Stuttgart 2014.

24 Vgl. *Corinna Dahlgrün – Jens Haustein* (Hg.), Anmut und Sprachgewalt. Zur Zukunft der Lutherbibel, Stuttgart 2013.

25 *Martin Luther*, Sendbrief vom Dolmetschen (1530), in: D. Martin Luthers Werke 30.2, Weimar 1909, 632–646.

26 Vgl. *Alfons Fürst*, Hieronymus. Askese und Wissenschaft in der Spätantike, Freiburg i. Br. 2016.

27 *Aurelius Augustinus*, Bekenntnisse (RUB 2792), Stuttgart 2014, III 5,9.

28 *Erik Peterson*, Die neueste Entwicklung der protestantischen Kirche in Deutschland (1933), in: ders., Theologie und Theologen. Texte, hg. von Barbara Nichtweiß (Ausgewählte Schriften 9/1), Würzburg 2009, 610–645, hier: 636–637. Dort steht auch das folgende Zitat.

29 Vgl. die umfangreiche Sammlung von *Hans Hermann Henrix – Wolfgang Kraus* (Hg.), Die Kirchen und das Judentum. Dokumente 1996 bis 2000, Paderborn – München 2001. Der Dialog hat im 3. Jahrtausend noch einen erheblichen Aufschwung genommen.

30 Vgl. *Thomas Söding* (Hg.), Geist im Buchstaben? Neue Wege in der Exegese (QD 225), Freiburg – Basel – Wien 2007.

31 Einen knappen Überblick verschafft das Themenheft: »Übersetzen – üb' Ersetzen«. Bibelübersetzungen unter die Lupe genommen: Bibel und Kirche 68/1 (2014).

32 Vgl. *Christine Nord*, Textanalyse und Übersetzen. Theoretische Grundlagen, Methode und didaktische Anwendung einer übersetzungsrelevanten Textanalyse, Tübingen 2009.

33 Vgl. *Herbert Stangl – Dorothee Hölscher*, Mit der Bibel wachsen. Kinderbibeln im Vergleich, Bonn 2006; *Christine Reents – Christoph Melchior*, Die Geschichte der Kinder- und Schulbibel, evangelisch – katholisch – jüdisch (Arbeiten zur Religionspädagogik 48), Göttingen 2011.

34 Das Alte Testament. Interlinearübersetzung, Hebräisch/Griechisch-Deutsch, übersetzt von *Rita Maria Steuer*, 5 Bände, Stuttgart 1993–2003; Das Neue Testament. Interlinearübersetzung, Griechisch-Deutsch, übersetzt von *Ernst Dietzfelbinger*, Stuttgart, 2. Auflage 1995.

35 Ein modernes Beispiel: Münchener Neues Testament, Ostfildern ^{11}2016 (1998).

36 Die theoretische Basis legen *Jan de Waard – Eugene A. Nida*, From One Language to another. Functional Equivalence in Bible Translating, Nashville 1986; *Eugene A. Nida*, Gott spricht viele Sprachen. Der dramatische Bericht von der Übersetzung der Bibel für alle Völker. Mit einem Geleitwort von Kurt Schar, Stuttgart ^{2}1968.

37 S. o. Anm. 17.

38 Mit am weitesten verbreitet ist: Hoffnung für alle. Die Bibel, Basel 1983 u. ö.

39 S. o. Anm. 20.

40 Die Schrift. Aus dem Hebräischen verdeutscht von *Martin Buber* gemeinsam mit *Franz Rosenzweig*, 4 Bände, Stuttgart 1992.

41 Das Neue Testament. Übersetzt von *Fridolin Stier*. Aus dem Nachlass hg. v. Eleonore Beck, Gabriele Miller und Eugen Sitarz, München 1989.

42 Das Neue Testament, übersetzt und kommentiert von *Ulrich Wilckens*, Köln 1970 u. ö.

43 Das Neue Testament und frühchristliche Schriften. Übersetzt und kommentiert von *Klaus Berger* und *Christiane Nord*, Frankfurt am Main 1999.

44 S. o. Anm. 7.

45 Die Bibel. Elberfelder Übersetzung (revidierte Fassung), Wuppertal 2002.

46 S. o. Anm. 15.

47 Vgl. *Hannelore Jahr* (Hg.), »... und hätte der Liebe nicht«. Die Revision und Neugestaltung der Lutherbibel zum Jubiläumsjahr 2017: 500 Jahre Reformation, Stuttgart 2016.

48 Vgl. *Margot Käßmann – Martin Rösel* (Hg.), Die Bibel Martin Luthers. Ein Buch und seine Geschichte, Leipzig 2016.

49 Der folgende Passus basiert auf meinem Artikel: Das Testament der Reformation. Die Lutherbibel ist überarbeitet worden, in: Christ in der Gegenwart 68 (2016), 485f.

50 Über die Neuzeit informiert der Sammelband von *Klaus Dietrich Fricke – Siegfried Meurer* (Hg.), Die Geschichte der Lutherbibelrevision. Von 1850 bis 1984 (Arbeiten zur Geschichte und Wirkung der Bibel 1), Stuttgart 2000.

51 Vgl. *Siegfried Meurer* (Hg.), Verrat an Luther? Die Bilanz einer Bibelrevision, Stuttgart 1977.

52 Eine harte, aber faire Kritik vom Standpunkt der »Bibel in gerechter Sprache« übt *Jürgen Ebach*, in: BlickPunkt.e, Materialien zu Judentum, Christentum, Israel und Nahost Februar 2017 (ImDialog. Evangelischer Arbeitskreis für das christlich-jüdische Gespräch in Hessen und Nassau).

53 Konzil von Trient, Dekret über die Annahme der heiligen Bücher und der Überlieferungen (8. April 1546), in: Heinrich Denzinger, Kompendium der Glaubensbekenntnisse und kirchlichen Lehrentscheidungen, hg. v. *Peter Hünermann*, Freiburg i. Br. 1991 u.ö., DH 1502–1503.

54 Das Thema ist in der evangelischen Kirche selbst strittig; vgl. *Siegfried Meuser* (Hg.), Die Apokryphenfrage im ökumenischen Horizont. Die Stellung der Spätschriften des Alten Testaments im biblischen Schrifttum und ihre Bedeutung in den kirchlichen Traditionen des Ostens und Westens, Stuttgart [2]1993.

55 *Martin Luther*, Vorrede auf die Episteln Sankt Jakobi und Judas, in: D. Martin Luthers Werke. Kritische Gesamtausgabe. Deutsche Bibel 7: Das Neue Testament 1522, 25–32.

56 Novum Testamentum graece, 28. Auflage, Stuttgart 2012.

57 Hier werden die Entstehungsgeschichte des Kanons, des Bibeltextes und der biblischen Bücher behandelt; vgl. *Erich Zenger u. a.*, Einleitung in das Alte Testament, 9., aktualisierte Auflage hg. v. *Christian Frevel*, Stuttgart 2016; *Martin Ebner – Stefan Schreiber (Hg.)*, Einleitung in das Neue Testament, Stuttgart [2]2013.

58 Der folgende Abschnitt basiert auf der weiter entfalteten Argumentation in: *Th. Söding*, Einheit der Heiligen Schrift? Zur biblischen Theologie des Kanons (QD 211), Freiburg i. Br. 2008 (2005).

59 Vgl. *Christian Frevel*, Geschichte Israels, Stuttgart 2015. (Das Vorgängerwerk desselben Autors ist die entscheidende Bezugsgröße der Zeittafel.)

60 Vgl. *Benedikt XVI.*, Geistliche Schriftlesungen. Mit einem Geleitwort von Gerhard Ludwig Müller (CM 58), ausgewählt, eingeleitet und hrsg. v. Julian R. Backes, Freiburg i. Br. 2014, 2. Aufl. 2015.

61 Vgl. *Klaus Vellguth*, Eine neue Art, Kirche zu sein. Entstehung und Verbreitung der Kleinen Christlichen Gemeinschaften und des Bibel-Teilens in Afrika und Asien, Freiburg i. Br. 2005.

62 Vgl. Bibel und Kirche 1/2016: Bibliolog.